Coleção Eu gosto m@is

CIÊNCIAS

CÉLIA PASSOS

Cursou Pedagogia na Faculdade de Ciências Humanas de Olinda – PE, com licenciaturas em Educação Especial e Orientação Educacional. Professora do Ensino Fundamental e Médio (Magistério) e coordenadora escolar de 1978 a 1990.

ZENEIDE SILVA

Cursou Pedagogia na Universidade Católica de Pernambuco, com licenciatura em Supervisão Escolar. Pós-graduada em Literatura Infantil. Mestra em Formação de Educador pela Universidade Isla, Vila de Nova Gaia, Portugal. Assessora Pedagógica, professora do Ensino Fundamental e supervisora escolar desde 1986.

5ª edição
São Paulo
2022

3º ANO ENSINO FUNDAMENTAL

IBEP

Coleção Eu Gosto Mais
Ciências 3º ano
© IBEP, 2022

Diretor superintendente	Jorge Yunes
Diretora adjunta editorial	Célia de Assis
Coordenadora editorial	Viviane Mendes
Editor	Soraia Wilnauer
Assistente editorial	Isabella Mouzinho, Stephanie Paparella
Revisores	Mauro Medrado, Erika Alonso
Departamento de arte	Aline Benitez, Gisele Gonçalves
Iconografia	Ana Cristina Melchert
Ilustração	José Luís Juhas/Ilustra Cartoon,
Cartografia	Mário Yoshida
Assistente de produção gráfica	Marcelo Ribeiro
Projeto gráfico e capa	Aline Benitez
Ilustração da capa	Gisele Libutti
Diagramação	N-Public

DADOS INTERNACIONAIS DE CATALOGAÇÃO NA PUBLICAÇÃO (CIP) DE ACORDO COM ISBD

P289e

Passos, Célia
    Eu gosto m@is: Ciências 3º ano / Célia Passos, Zeneide Silva. – 5. ed. – São Paulo : IBEP – Instituto Brasileiro de Edições Pedagógicas, 2022.
    146 p. : il. ; 20,5cm x 27,5cm. – (Eu gosto m@is)

  ISBN: 978-65-5696-268-9 (aluno)
  ISBN: 978-65-5696-269-6 (professor)

  1. Ensino Fundamental Anos Iniciais. 2. Livro didático. 3. Ciências. I. Silva, Zeneide. II. Título. III. Série.

2022-2422   CDD 372.07
                                             CDU 372.4

Elaborado por Odilio Hilario Moreira Junior – CRB-8/9949

Índice para catálogo sistemático:
1. Educação – Ensino fundamental: Livro didático 372.07
2. Educação – Ensino fundamental: Livro didático 372.4

5ª edição – São Paulo – 2022
Todos os direitos reservados

IBEP

Rua Gomes de Carvalho, 1306, 11º andar, Vila Olímpia
São Paulo – SP – 04547-005 – Brasil – Tel.: (11) 2799-7799
www.editoraibep.com.br

Impreso en Mercurio S. A.
mercurio.com.py | 10599
Asunción - Paraguay

APRESENTAÇÃO

Querido aluno, querida aluna,

Ao elaborar esta coleção pensamos muito em vocês.

Queremos que esta obra possa acompanhá-los em seu processo de aprendizagem pelo conteúdo atualizado e estimulante que apresenta e pelas propostas de atividades interessantes e bem ilustradas.

Nosso objetivo é que as lições e as atividades possam fazer vocês ampliarem seus conhecimentos e suas habilidades nessa fase de desenvolvimento da vida escolar.

Por meio do conhecimento, podemos contribuir para a construção de uma sociedade mais justa e fraterna: esse é também nosso objetivo ao elaborar esta coleção.

Um grande abraço,

As autoras

SUMÁRIO

LIÇÃO

1 **O Universo e o Sistema Solar** 6
- Os astros do universo 7
- O Sistema Solar 8
- Planeta Terra 14
- A Lua 18
- Como se observam os astros 20

2 **O planeta Terra** 28
- A hidrosfera 29
- A atmosfera 35
- A litosfera 37
- Experiência 39

3 **Cultivando o solo** 47
- Preparo para o plantio 48
- Desertificação e erosão do solo 49
- O solo e a vegetação 52
- Poluição do solo 56

4 **Os animais** 60
- Animais vertebrados 61
- Animais invertebrados 62
- Classificação dos animais vertebrados 68

LIÇÃO

5 **Os animais e o ambiente** 75
- O ser humano 77
- Os animais precisam de gás oxigênio para viver 78
- Os animais dependem da água para viver 78
- Como os animais se locomovem 83
- Como os animais se alimentam 86

6 **Os ciclo de vida dos animais** 90
- O comportamento dos animais na reprodução 93

7 **O som** 97
- Os instrumentos musicais 98
- A voz humana 98
- Os sons dos animais 99
- Audição 100

8 **A luz e os materiais** 105
- A passagem de luz pelos materiais 106
- A visão 107
- O processo da visão 108

ALMANAQUE 113
ADESIVO 141

LIÇÃO 1
O UNIVERSO E O SISTEMA SOLAR

Você já observou o céu à noite? O que viu?

Vista do céu em Teodoro Sampaio (SP).

Quando olhamos para o céu durante o dia, observamos as nuvens e o Sol, e algumas vezes podemos ver a Lua. Mas, ao observarmos o céu em uma noite sem nuvens, percebemos a enorme quantidade de pequenos pontos luminosos que brilham nele. A maior parte desses pontos são as **estrelas**. O Sol, que ilumina e aquece a Terra, também é uma estrela.

Todo corpo ou objeto celeste é chamado **astro**.

Os astros são reunidos em grandes sistemas chamados **galáxias**, que são formadas de estrelas, planetas e muitos outros astros. Existem bilhões de galáxias no **Universo**. O Sol fica na galáxia chamada **Via Láctea**.

Os astros do Universo

Acompanhe a explicação sobre os principais astros conhecidos.

Estrelas são astros que emitem luz e calor. Um conjunto de estrelas chama-se constelação.

Planetas são astros que giram em torno de uma estrela, mas, ao contrário das estrelas, não têm luz própria.

Satélites giram em torno de um planeta e também não têm luz própria. A Lua é um satélite natural da Terra.

Cometas são astros formados por rocha, gelo, poeira e gases e são visíveis apenas entre grandes intervalos de tempo.

Asteroides são corpos rochosos que viajam pelo espaço. Eles são menores que os planetas.

Meteoroides são fragmentos de matéria que circulam pelo espaço. Ao entrar na atmosfera terrestre, eles se aquecem e deixam um rastro luminoso. Chamamos esse rastro de estrela cadente.

As quatro estrelas da constelação Cruzeiro do Sul.

Imagem do planeta Saturno.

A Lua é o satélite da Terra.

Cometa Neowise, visto do Canadá.

Meteoroides.

Asteroide.

O Sistema Solar

O Sistema Solar está localizado na galáxia Via Láctea e é formado por uma estrela (o Sol), por oito planetas (Mercúrio, Vênus, Terra, Marte, Júpiter, Saturno, Urano e Netuno) e seus respectivos satélites, além de outros astros (asteroides, cometas etc.).

Cada planeta gira sempre pelo mesmo caminho e na mesma direção ao redor do Sol. Esse caminho que os planetas fazem é chamado de **órbita**.

Esquema do Sistema Solar, com destaque para os planetas orbitando o Sol.

O Sol

O **Sol** é uma estrela e por meio das explosões que ocorrem em sua superfície ele emite luz e calor.

A luz e o calor solares são tipos de energia que chegam à superfície terrestre e são fundamentais para a vida no planeta.

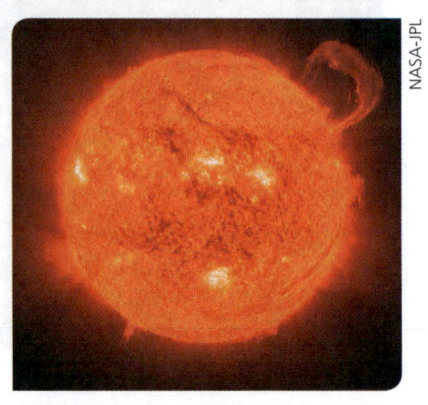

Sol visto do espaço.

O Sol também é mais de cem vezes maior do que a Terra e mais de quatrocentas vezes maior do que a Lua.

> O planeta mais distante do Sol é Netuno. Por isso, lá é muito frio. O planeta mais próximo do Sol é Mercúrio. Por essa razão, lá é muito quente.

Os planetas

Os planetas não têm luz própria. Eles refletem a luz que recebem do Sol e, por isso, aparecem no céu como pontos brilhantes semelhantes a estrelas.

O planeta **Mercúrio** é quase do tamanho da Lua. Ele é o planeta mais próximo do Sol. As temperaturas na sua superfície podem atingir até 430 °C durante o dia e 170 °C negativos durante a noite.

Vênus é o segundo planeta mais próximo do Sol. Seu tamanho é parecido com o tamanho da Terra. As temperaturas em sua superfície podem chegar a 400 °C durante o dia. Quando Vênus aparece no céu de madrugada, antes do nascer do Sol, pode ser visto em alguns lugares como um ponto brilhante. Por isso, também é chamado estrela-d'alva.

O terceiro planeta é a **Terra**, onde vivemos. A atmosfera, camada de gases que envolvem nosso planeta, faz com que as temperaturas estejam em torno dos 18 °C e permite que exista vida em sua superfície. Até hoje, o planeta Terra é o único do Sistema Solar no qual foram encontrados água líquida e seres vivos.

Mercúrio.

Vênus.

Terra.

Marte.

Júpiter.

Saturno.

O quarto planeta é **Marte**. Sua atmosfera é formada principalmente por gás carbônico. As temperaturas podem atingir 120 °C negativos. Esse é o planeta mais próximo da Terra e o mais estudado pelos cientistas. Em 1996, uma agência espacial enviou para Marte um robô que andou sobre sua superfície e enviou muitas fotos de lá para a Terra.

O quinto planeta é **Júpiter**. Ele é o maior planeta do Sistema Solar. As temperaturas em Júpiter são muito baixas, sempre em torno de 120 °C negativos. A maior parte de Júpiter é formada por gases. Ele possui 63 satélites conhecidos até o momento.

Saturno é o sexto planeta do Sistema Solar e o segundo maior em tamanho. Ele possui anéis formados por cristais de gelo e rochas. Saturno tem muitos satélites. Até o ano de 2007 já haviam sido descobertos 60 deles.

Urano é o sétimo planeta do Sistema Solar. Ele também possui anéis. Urano está tão longe do nosso planeta que a luz refletida por ele chega à Terra muito fraca e ele não pode ser visto a olho nu. Isso também acontece com **Netuno**, o oitavo planeta que forma o Sistema Solar.

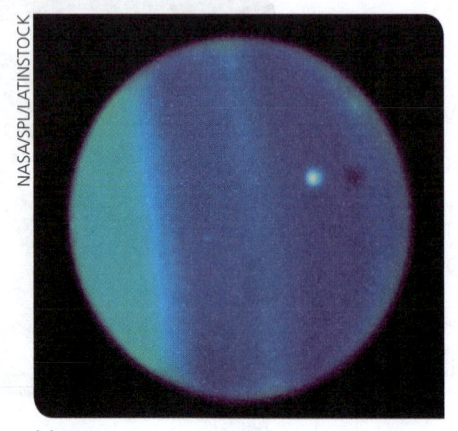

Urano.

Netuno.

ATIVIDADES

1 Marque com um **X** o que podemos observar no céu à noite.

2 O que é o Universo?

_____
_____
_____
_____

3 O que são astros?

_____
_____
_____

4 O que são estrelas?

_____
_____
_____
_____

5 O que são planetas?

_____
_____
_____

6 O que são satélites?

_____
_____
_____

7 Observe esta foto tirada do amanhecer.

GUTEKSK7/SHUTTERSTOCK

a) Que astro aparece no céu? _____

b) Qual o outro nome que ele tem? _____

8 Complete a cruzadinha.

1 – Satélite natural da Terra. _____

2 – Corpo rochoso que viaja pelo espaço. _____

3 – Pedaço de matéria que circula pelo espaço. _____

4 – Meteoroide que deixa rastro luminoso. _____

5 – Astro formado por rocha, gelo, poeira e gases. _____

9 Escreva o nome dos planetas que formam o Sistema Solar.

_____

10 Que planeta fica mais próximo do Sol? E que planeta fica mais distante?

_____

Planeta Terra

A **Terra** é o planeta em que vivemos. Ela tem forma arredondada, é levemente achatada nos polos e gira em torno de si mesma e do Sol. Em relação ao Sol, sua posição é um pouco inclinada.

A **Terra** é formada por: atmosfera, hidrosfera, litosfera e biosfera.

Na mitologia romana, nosso planeta era chamado *Tellus* (deusa da Terra), que significa "solo fértil". Na mitologia grega, era chamado *Gaia*, que significa "terra mãe".

Atmosfera é a camada de gases que envolvem a Terra. Não conseguimos vê-la, mas podemos percebê-la. Os gases que formam a atmosfera não têm cheiro, nem cor nem gosto.

Hidrosfera é formada pelo conjunto de águas em estados sólido (gelo), líquido e gasoso (vapor) do nosso planeta. A água é essencial para todos os seres vivos. A água salgada cobre a maior parte da superfície terrestre e é encontrada nos oceanos e mares. A água doce é encontrada em rios e lagos.

Litosfera é a parte sólida e externa da Terra formada por rochas e minerais. É representada pelos continentes, por ilhas e pelo fundo dos mares, oceanos, lagoas etc.

Biosfera é a parte do planeta onde é possível existir vida.

LEIA MAIS

Estrelas e planetas

Pierre Winters. São Paulo: Brinque-Book, 2011.

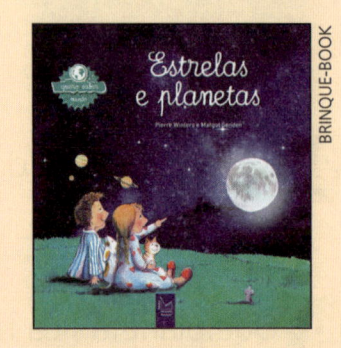

Você quer saber tudo sobre estrelas e planetas? Aqui, você terá muitas informações sobre a Terra, a Lua, o Sol, as estrelas e outros planetas. Por que existem o dia e a noite? Por que o formato da Lua muda? O Sol é uma estrela? Que planetas existem? Para essas e muitas outras dúvidas, você terá respostas.

A Terra e os outros astros estão sempre em movimento.

Os dois principais movimentos que a Terra realiza são os movimentos de **rotação** e de **translação**.

Rotação

Um dos movimentos da Terra é a rotação. Nesse movimento, a Terra gira em torno de si mesma, como um pião. Desse movimento resultam os dias e as noites.

Quando a Terra gira, a sua face voltada para o Sol é iluminada, enquanto a outra face permanece no escuro. Na face iluminada, é dia; na outra, é noite. A Terra dá um giro completo em aproximadamente 24 horas.

No movimento de rotação, a Terra gira ao redor de si mesma.

Ao amanhecer, o Sol começa a surgir no horizonte e clareia essa parte da Terra. O lado em que o Sol surge ao amanhecer é chamado **nascente**.

Ao entardecer, o Sol desaparece aos poucos no horizonte. Essa parte da Terra vai escurecendo e a noite vai começando. O lado em que o Sol se põe é denominado **poente**.

Translação

A Terra também se move ao redor do Sol. Esse movimento chama-se **translação**.

Uma volta completa da Terra em torno do Sol demora 365 dias (um ano). O movimento de translação e a inclinação do eixo da Terra determinam as **estações do ano**: **primavera**, **verão**, **outono** e **inverno**.

A inclinação do eixo da Terra em relação ao Sol influencia as estações do ano porque faz com que a superfície terrestre receba luz e calor do Sol de forma desigual.

Nas regiões afastadas da Linha do Equador, as estações do ano são bem definidas: o inverno é rigoroso, a primavera é florida, no outono caem as folhas das árvores e o verão é quente.

Mais perto dos polos é sempre frio.

No Brasil, as estações do ano nas regiões Norte e Nordeste são diferentes das estações nas regiões Sul e Sudeste.

No inverno, é muito frio no Sul e no Sudeste, as noites são mais longas que os dias e chove pouco.

Nessa época, quem vive no Norte e no Nordeste não sente grandes diferenças na temperatura. A duração da noite é quase igual à do dia. Em regiões do Nordeste todos sabem que chegou o inverno porque chove mais do que em outras épocas do ano.

Inverno no Sul do Brasil.

Inverno no Nordeste do Brasil.

Representação esquemática do movimento de translação da Terra

21 de março
21 de junho
21 de dezembro
23 de setembro

Primavera no Norte
Outono no Sul
Inverno no Norte
Verão no Sul
Verão no Norte
Inverno no Sul
Outono no Norte
Primavera no Sul

SOL

As estações do ano no Hemisfério Norte e no Hemisfério Sul se opõem: quando aqui é verão, é inverno no Hemisfério Norte.

16

A representação do planeta Terra

Observe a imagem da Terra vista da Lua.

A Terra vista da Lua.

A imagem mostra a parte do planeta Terra que está sendo iluminada pelo Sol.

Veja agora uma imagem feita do espaço que mostra outra visão do planeta. Nela, inclusive, é possível ver no canto direito inferior parte do nosso país.

Foto do planeta Terra visto do espaço. A imagem mostra a camada da atmosfera recobrindo o planeta.

A forma da Terra é arredondada, como mostra o globo terrestre ao lado.

O globo terrestre mostra os continentes e os oceanos, no caso representados em azul. Ele também tem uma inclinação simulando a posição do planeta.

Outra representação possível do planeta Terra é o que chamamos planisfério, que possibilita visualizar como é a Terra em uma dimensão plana, como se cortássemos e esticássemos o globo.

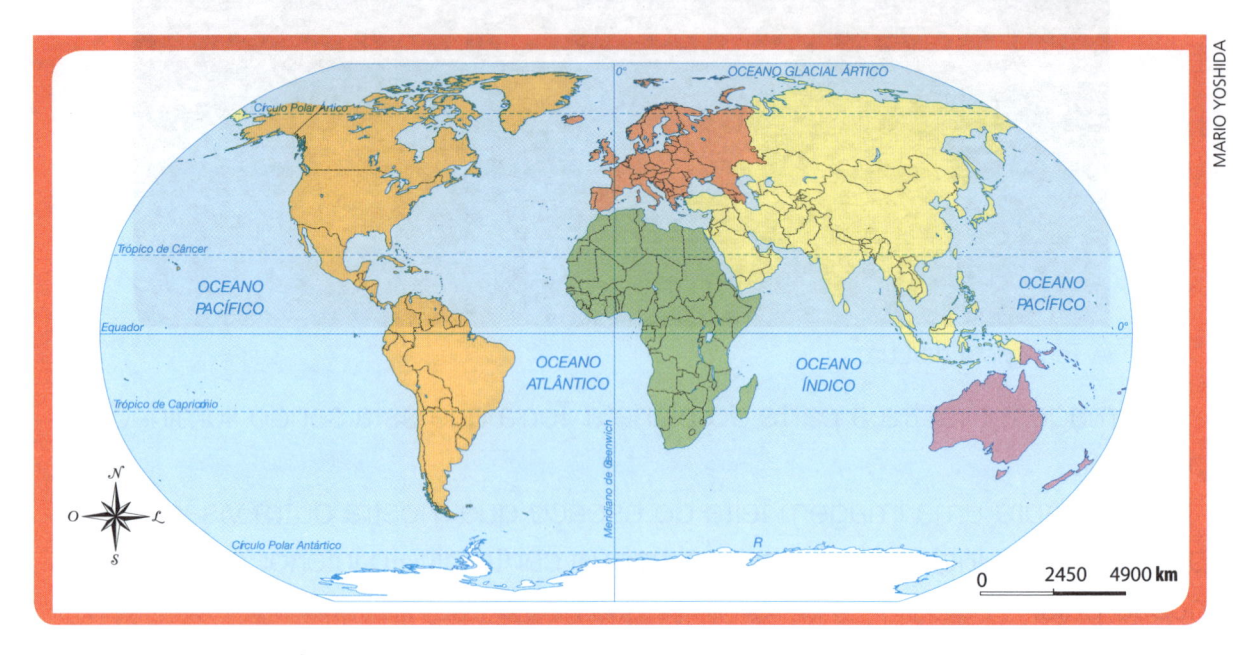

Fonte: IBGE. *Atlas geográfico escolar*. 5 ed. Rio de Janeiro: IBGE, 2009.

A Lua

A **Lua** é o satélite natural da Terra. Por ser um satélite natural, ela não tem luz própria. Dessa forma, vemos apenas a parte da Lua que está iluminada pelo Sol e temos a sensação de que ela muda de forma, pois não está parada, já que orbita ao redor do nosso planeta.

Lua vista do espaço.

Esquema representativo da órbita da Lua em volta da Terra

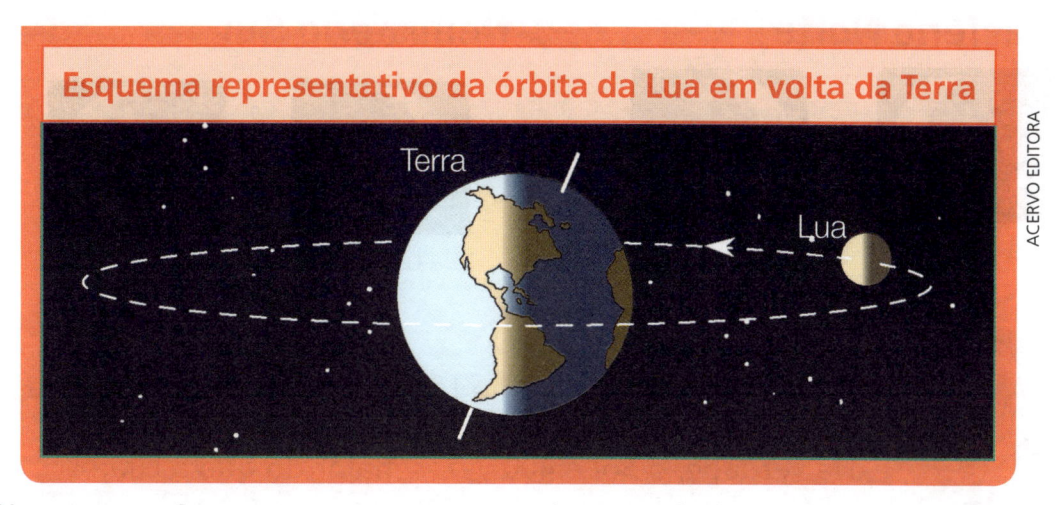

Terra
Lua

Chamamos **fases** as aparentes mudanças da forma da Lua. Cada fase da Lua dura, em média, uma semana.

As fases da Lua dependem de sua posição em relação à Terra e ao Sol. São elas: **cheia**, **minguante**, **nova** e **crescente**.

Lua cheia

A Lua parece uma bola porque a face voltada para a Terra está toda iluminada.

Lua minguante

Conforme a Lua gira ao redor da Terra, a face voltada para o planeta vai ficando cada vez menos iluminada.

Lua nova

A face da Lua voltada para a Terra não está iluminada. Não vemos a Lua no céu à noite.

Lua crescente

A face da Lua voltada para a Terra vai ficando mais iluminada. A Lua tem a forma da letra C.

Essas são as formas aparentes da Lua no Hemisfério Sul terrestre, ou seja, em locais situados abaixo da Linha do Equador.

No Hemisfério Norte terrestre, as fases crescente e minguante têm formas inversas.

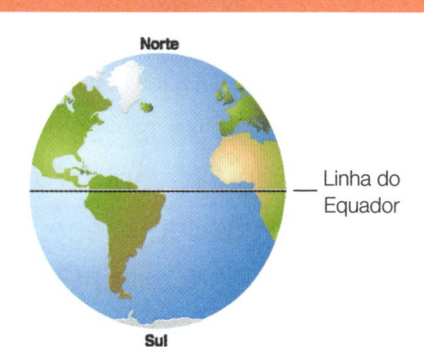

Norte
Linha do Equador
Sul

Hemisfério Norte

Lua crescente.  Lua minguante.

Hemisfério Sul

Lua crescente.  Lua minguante.

> O Sol parece ter o mesmo tamanho da Lua porque está quase 400 vezes mais longe de nós em relação a ela. Na verdade, o Sol é 400 vezes maior do que a Lua.

Como se observam os astros

Os seres humanos sempre olharam para o céu com a intenção de conhecer os astros que são vistos à noite. Porém, em razão da distância entre a Terra e os astros, essa era uma tarefa muito difícil.

Quando foram inventadas as lentes que aumentam a visão dos objetos, alguns cientistas começaram a pensar em utilizá-las para observar os astros. Assim surgiram a luneta e o telescópio. O italiano Galileu Galilei foi um dos que mais contribuíram para o estudo dos astros. Ele aperfeiçoou um telescópio com o qual fez importantes estudos de astronomia.

Galileu Galilei nasceu em Pisa, na Itália, em 1564. Ele realizou importantes estudos de Física e fez diversas descobertas astronômicas.

Graças a essas descobertas, Galileu contribuiu para comprovar a teoria de que a Terra gira ao redor do Sol, ideia avançada para a época, pois se acreditava que o Sol girava ao redor da Terra. Por isso, ele foi perseguido pela Igreja e condenado à morte na fogueira. Para ser absolvido, negou suas teorias publicamente, mas continuou seus estudos, que contribuíram para um grande avanço científico nos séculos posteriores. Galileu faleceu em 1642.

O retrato de Galileu Galilei foi pintado na época em que ele viveu.

Retrato de Galileu Galilei, pintado por Justus Sustermans, 1636.

Depois do telescópio de Galileu Galilei, o instrumento foi sendo aperfeiçoado até chegar aos equipamentos da atualidade que permitem enxergar cada vez mais longe.

Um dos tipos mais atuais de telescópio. Os dois equipamentos estão instalados no Havaí e permitem observar o Universo com alta precisão.

Um dos mais modernos equipamentos são os telescópios espaciais que, lançados no espaço, permitem ver novos aspectos do Universo. É o caso do Telescópio Espacial Hubble, lançado no espaço em 1990, e do Telescópio Espacial James Webb, lançado em dezembro de 2021. Para lançar cada um desses telescópios no espaço levam-se anos no projeto de construção do equipamento, que envolve uma equipe de dezenas de pessoas. Entretanto, todo esse esforço é importante para conhecermos melhor o Universo no qual o planeta onde vivemos está inserido.

Imagem obtida pelo Telescópio Espacial Hubble de uma galáxia.

ATIVIDADES

1 Complete as frases com as palavras adequadas.

| A Terra – O Sol | arredondada – oval | pelo Sol – pela Lua |

a) _____ é um planeta.

b) Sua forma é _____ e ela é aquecida e iluminada _____.

2 Relacione a primeira coluna de acordo com a segunda.

Hidrosfera — Camada de gases ao redor da Terra.

Litosfera — Conjunto de águas em estados sólido, líquido e gasoso do nosso planeta.

Atmosfera — Parte sólida e externa da Terra formada por rochas e minerais.

3 Marque com um **X** a resposta correta. Quanto tempo, aproximadamente, a Lua leva para mudar de fase?

☐ Um ano.   ☐ Uma semana.   ☐ Um mês.

4 Qual é a diferença entre a fase crescente e a fase minguante da Lua?

_____

_____

_____

5 Numere as descrições de acordo com o astro adequado.

| 1 | Sol | 2 | Lua |

☐ Está mais longe de nós.

☐ Não possui luz própria.

☐ Gira em torno da Terra.

☐ Possui luz própria.

6 De onde vem a luz que a Lua reflete na Terra?
_____

7 Quem comprovou que a Terra orbita ao redor do Sol?
_____

8 Quais são os instrumentos utilizados para observação dos astros?
_____

9 Como se chama o movimento da Terra em torno de si mesma?
_____

10 Quanto tempo a Terra leva para realizar o movimento de rotação?
_____
_____

11 No que o movimento de rotação resulta?
_____

12 Marque com um **X** a resposta correta.

a) O Sol surge sempre no mesmo lado?

☐ Sim   ☐ Não

b) O lado em que o Sol se põe chama-se poente?

☐ Sim   ☐ Não

c) Nascente é o lado em que o Sol se põe?

☐ Sim   ☐ Não

13 Complete as frases.

a) Quando a Terra gira em torno do Sol, ela realiza o movimento de _____.

b) Para completar esse movimento, a Terra leva _____ dias ou _____.

c) O movimento de translação e a inclinação do eixo da Terra determinam as _____.

14 Escreva como é cada estação do ano no lugar em que você vive.

a) Primavera: _____

b) Verão: _____

c) Outono: _____

d) Inverno: _____

EU GOSTO DE APRENDER

Acompanhe a leitura do que você aprendeu nesta lição.

- Podemos observar o céu durante o dia e a noite. De dia podemos ver o Sol, algumas vezes a Lua e o planeta Vênus logo ao amanhecer. À noite podemos obervar as estrelas, a Lua, os cometas e as galáxias.
- As galáxias são formadas por estrelas, planetas, satélites, cometas, asteroides e meteoroides.
- O Sistema Solar está localizado na Via Láctea e é formado pelo Sol, por oito planetas e seus satélites, além de asteroides, cometas etc.
- No Sistema Solar os planetas giram sempre no mesmo caminho e direção ao redor do Sol. Esse caminho é chamado órbita.
- O Sol é uma estrela que por meio de explosões em sua superfície emite luz e calor.
- Os planetas não têm luz própria, eles refletem a luz que recebem do Sol.
- A Terra é o terceiro planeta do Sistema Solar, tem forma arredondada, levemente achatada nos polos e seu eixo é inclinado.
- A Terra pode ser representada pelo globo terrestre.
- A Terra é formada por atmosfera, hidrosfera, litosfera e biosfera.
- A rotação é o movimento que a Terra faz em torno de si mesma, resultando nos dias e nas noites. A translação é o movimento que a Terra faz ao redor do Sol, resultando nas estações do ano.
- A Lua é o satélite natural da Terra e não tem luz própria. Suas mudanças aparentes são chamadas fases.
- A luneta e o telescópio foram invenções importantes para a melhor observação dos astros.

ATIVIDADES

1 Represente o que você pode ver no céu durante o dia.

2 Represente o que você pode ver no céu durante a noite.

EU GOSTO DE APRENDER MAIS

Primeiro homem a pisar na Lua

"Um pequeno passo para o homem, mas um grande passo para a humanidade."

Assim falou o astronauta norte-americano Neil Armstrong (1930-2012) ao pisar na Lua, em julho de 1969, onde chegou com mais dois companheiros.

Pessoas do mundo inteiro acompanharam essa viagem. Mas há gente que ainda duvida que um dia um homem andou sobre a Lua.

Não há atmosfera na Lua. A temperatura durante o dia chega a 100 graus centígrados, ou mais, e à noite ela baixa para 50 graus negativos.

Sua superfície rochosa tem milhares de crateras produzidas pela queda de corpos celestes.

O conhecimento sobre a Lua não ficou restrito apenas a essa viagem. Ele continua avançando e, atualmente, já se sabe da existência de água em uma das crateras, conforme divulgou a Administração Nacional da Aeronáutica e Espaço (NASA), em 26 de outubro de 2020.

ATIVIDADE COMPLEMENTAR

- Você gostaria de ser astronauta? Faça uma pesquisa e descubra como é a vida em uma aeronave espacial e o treinamento necessário para ser astronauta.

LIÇÃO 2 — O PLANETA TERRA

A **Terra** é constituída de água, ar, solo e seres vivos. A parte formada de água recebe o nome de **hidrosfera**, a de ar, **atmosfera**, e a que contém o solo, **litosfera**. Essas três partes formam os elementos não vivos do ambiente. Ao conjunto dos elementos não vivos mais os seres vivos que nele vivem damos o nome de **biosfera**. Veja o esquema de representação dessas partes a seguir.

Representação esquemática das partes que formam a Terra

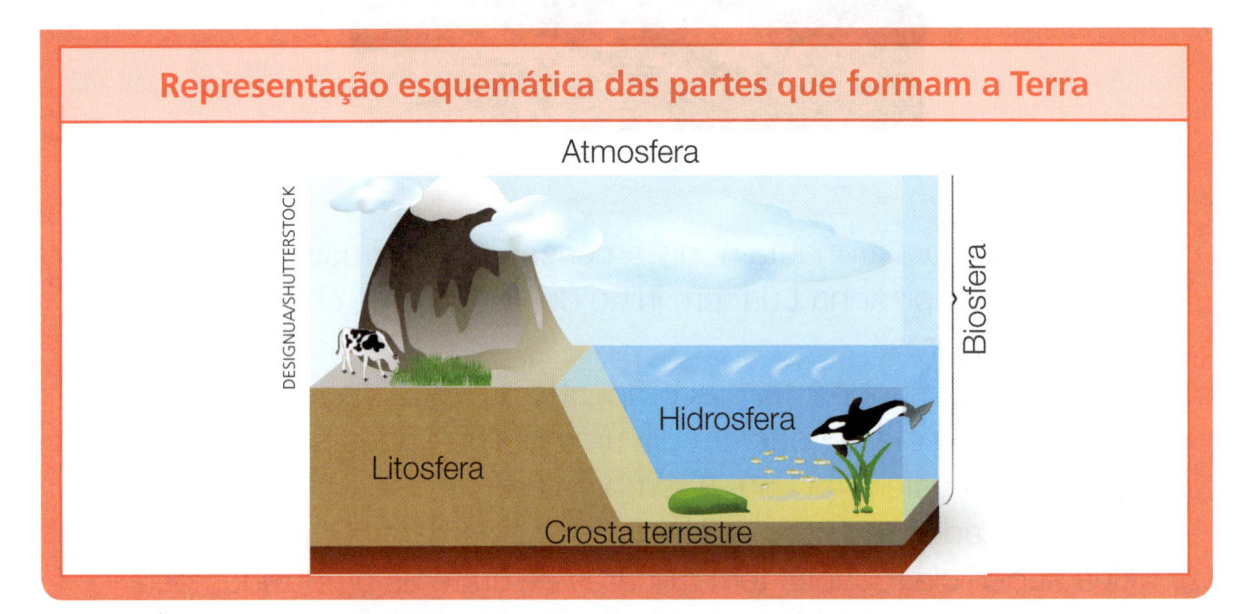

Atmosfera

Biosfera

Hidrosfera

Litosfera

Crosta terrestre

LEIA MAIS

O planeta Terra

Sylvie Baussier. Ilustrações de Fabienne Teyssèdre. São Paulo: Salamandra, 2004.

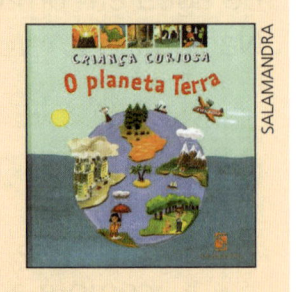

De onde vem a água dos oceanos? O que existe no centro da Terra? Como surgiram as montanhas? Esse volume traz às crianças a oportunidade de conhecer melhor o nosso planeta e aprender a cuidar melhor dele.

A hidrosfera

A parte da superfície do planeta Terra coberta por água forma a **hidrosfera**, que significa "esfera de água". Essa área ocupa a maior parte do planeta.

Todos os seres vivos dependem da água para sobreviver.

Mesmo com toda essa quantidade de água, é importante ressaltar que apenas 2,5% é água potável, ou seja, aquela que utilizamos para beber, cozinhar, tomar banho etc., e que chamamos água doce.

A água doce encontrada no planeta está distribuída da seguinte forma: 68,9% está nas geleiras e nos polos, 29,9% está subterrânea (lençóis freáticos), 1% está na superfície (lagos, lagoas, rios etc.) e 0,2% está no ar (vapor) e no solo.

Observando a quantidade de água doce disponível para o consumo, percebe-se que é fundamental evitar o desperdício e economizar água, já que ela é essencial para a sobrevivência dos seres vivos.

O organismo da maioria dos seres vivos é constituído de água. As pessoas têm, aproximadamente, 70% de seu peso de água.

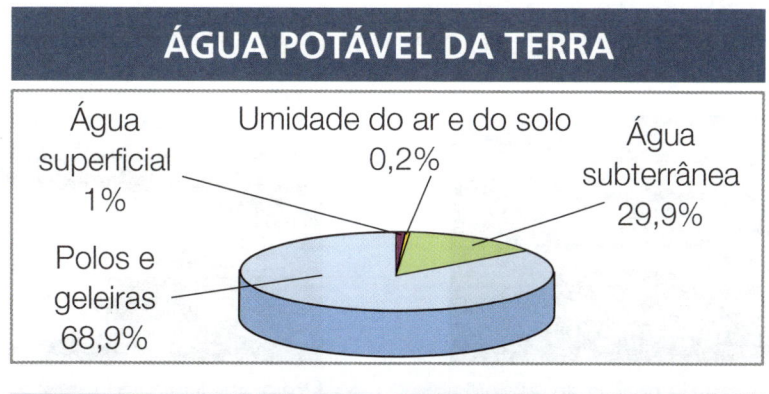

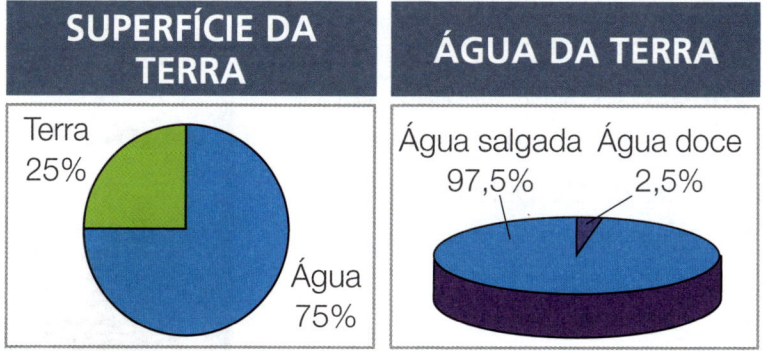

ÁGUA POTÁVEL DA TERRA
- Água superficial 1%
- Umidade do ar e do solo 0,2%
- Água subterrânea 29,9%
- Polos e geleiras 68,9%

SUPERFÍCIE DA TERRA
- Terra 25%
- Água 75%

ÁGUA DA TERRA
- Água salgada 97,5%
- Água doce 2,5%

WWF-Brasil. Disponível em: https://www.wwf.org.br/natureza_brasileira/areas_prioritarias/pantanal/dia_da_agua/. Acesso em: 30 jun. 2022.

Características da água

A água que bebemos é denominada água potável, mais conhecida como água doce. Ela apresenta as seguintes características: incolor (não tem cor), inodora (não tem odor) e insípida (não tem sabor).

Na água é possível encontrar gases dissolvidos. É por isso que os animais e os vegetais aquáticos conseguem respirar, pois retiram o gás oxigênio que está dissolvido na água.

Estados físicos da água

A água pode ser encontrada nos estados **sólido**, **líquido** e **gasoso**. No estado **sólido**, ela forma o gelo, a neve e as geleiras.

Árvore com neve.

Iceberg: bloco de gelo flutuante.

A água no estado **líquido** forma mares, rios, lagos, lagoas e nuvens. Também é encontrada no subsolo e nos seres vivos.

Imagem aérea da região amazônica cortada por rio.

Praia em Maceió, Alagoas.

No estado **gasoso**, a água forma o vapor de água. O vapor de água é um gás invisível, mas sabemos que ele existe pela formação de gotas de água suspensas. A maior parte do vapor de água está no ar.

O que vemos saindo da chaleira são gotas de água suspensas. Não é água na forma de gás.

Mudanças de estado físico da água

Observe as figuras para entender como ocorrem as mudanças de estado da água.

Quando a temperatura diminui, a água solidifica-se e forma o gelo.

Quando a temperatura aumenta, o gelo derrete e torna-se água líquida.

A água aquecida passa para o estado gasoso. O vapor invisível sobe, esfria e a água se torna líquida na forma de gotas. É a fumaça que vemos saindo da vasilha.

> Nas representações científicas costuma-se usar uma seta para mostrar a passagem de um estado para outro. A cor varia do azul para o vermelho, indicando mudança de temperatura, sendo o azul mais frio e o vermelho mais quente.

Chuva

A vida na Terra depende da chuva. A chuva enche rios e lagos, faz as sementes germinarem e garante a água para beber. Em algumas áreas, se a chuva cai apenas durante uma estação, milhares e até milhões de pessoas podem sofrer diversas consequências, como a perda de plantações inteiras.

A chuva é importante por encher rios e lagos.

Muita chuva também é problema. Enchentes podem, por exemplo, destruir casas e fazendas, além de deixar pessoas desabrigadas.

A água que cai de uma nuvem chama-se **precipitação**.

A temperatura do ar, tanto dentro como fora da nuvem, determina se a precipitação é chuva, neve ou granizo.

A poluição e o desperdício da água

Utilizamos a água para beber, cozinhar, para a higiene pessoal e do lugar em que vivemos, para uso industrial, para irrigação das plantações, para geração de energia, para navegação etc.

Nós só podemos beber água potável, que é água limpa e tratada. Com o aumento da poluição, a quantidade de água potável é cada vez menor no mundo.

A poluição da água é causada por lixo, esgoto e produtos químicos das indústrias e das plantações.

Mais da metade do consumo de água de uma casa acontece no banheiro:
- um banho de 15 minutos gasta, em média, 130 litros de água limpa;
- escovar os dentes com a torneira aberta gasta até 25 litros;
- a caixa de descarga chega a consumir 20 litros de água de cada vez.

Todos nós devemos economizar água. Para isso:
- não deixe torneiras abertas ou pingando;
- tome banhos rápidos;
- use balde em vez de mangueira para lavar quintal, calçada, carro etc.
- escove os dentes com a torneira fechada;
- a descarga do vaso sanitário deve estar sempre regulada e só ser usada pelo tempo necessário.

ATIVIDADES

1 O que é hidrosfera?

_____

2 Marque com um **X** a resposta certa.

A maior parte da superfície da Terra é coberta de:

☐ terra. ☐ água.

3 A água potável possui características. Quais são? Explique.

_____

4 Quais são os estados físicos da água?

_____

5 Onde encontramos água nos estados líquido, sólido e gasoso?

_____

_____

6 O que vai acontecer se:

a) deixarmos alguns cubos de gelo fora da geladeira?

_____

b) aquecermos água líquida?

_____

c) colocarmos água líquida em um recipiente e guardá-lo no congelador?

_____

7 Como ocorre o ciclo da água na natureza? Explique.

_____
_____
_____
_____

8 Do que são feitas as nuvens?

_____

9 Qual é a importância da água na vida das pessoas?

_____
_____

10 Procure saber mais sobre a água que abastece sua cidade.

a) Para onde vão os esgotos de sua cidade?

_____

b) De onde vem a água de sua cidade?

_____

11 Converse com seus colegas e escreva algumas sugestões.

a) O que pode acontecer se as águas dos rios continuarem sendo poluídas?

_____

b) Como é possível evitar a poluição das águas?

_____

c) Como é possível despoluir as águas dos rios?

_____

A atmosfera

A Terra está rodeada por uma grande camada de ar chamada **atmosfera**. O ar é uma mistura de gases. O gás oxigênio e o gás carbônico são alguns desses gases.

Sem gás oxigênio, as pessoas, os animais e as plantas não podem viver, pois ele é indispensável no processo de respiração. A atmosfera protege a Terra das radiações emitidas pelo Sol que são prejudiciais à nossa saúde. Sem ela, o calor do Sol seria tão forte que a vida no planeta se tornaria impossível. Por causa da atmosfera, as temperaturas são adequadas para que os seres vivos habitem quase todos os espaços do planeta.

O ar em movimento

Podemos perceber a existência do ar pelo vento. O vento é o ar em movimento.

Ao se movimentar, o ar dá origem:
- às brisas, que balançam as plantas e as folhas das árvores e nos refrescam;
- aos ventos fortes, que sacodem árvores e levantam poeira;
- aos vendavais, que arrasam os lugares pelos quais passam.

Como se forma o vento?

Você sabia que o Sol é o grande responsável pela existência dos ventos? O Sol esquenta a superfície da Terra. O ar é aquecido, dilata-se, fica mais leve e sobe. Em seu lugar fica o ar mais pesado, mais frio. O ar quente que sobe se resfria e volta à superfície da Terra, deslocando o ar quente. Esse movimento do ar forma o vento.

Representação esquemática da formação do vento.

ILUSTRAÇÕES: JOSÉ LUIS JUHAS

ATIVIDADES

1 Complete as frases.

a) Atmosfera é _____.

b) Ar é _____.

c) O gás oxigênio e o _____ são alguns desses gases.

2 Que papel importante a atmosfera tem com relação às temperaturas do planeta?

_____

3 O gás oxigênio é importante para as pessoas e os outros animais? Por quê?

_____

_____

4 Como percebemos a existência do ar?

_____

5 O que é vento?

_____

6 Explique a diferença entre: brisas, ventos fortes e vendavais.

_____

_____

_____

_____

_____

A litosfera

A Terra tem uma camada sólida superficial formada por rochas e solo. Essa camada recebe o nome de **litosfera**. A parte mais superficial da litosfera é chamada **crosta terrestre**.

A crosta terrestre é habitada pelos seres vivos. É dela que se retiram os recursos minerais. Na crosta terrestre as pessoas também plantam e fazem construções.

Extração de ferro em Carajás (PA).

Plantação em Guaíra (PR).

Como o solo é formado?

O solo é formado por diferentes tipos de rocha. Com o passar do tempo, as rochas são fragmentadas pela ação do vento, da chuva, das mudanças de temperatura e das raízes das plantas.

Os fragmentos dessas rochas, quando ficam bem pequenos, formam areia e argila, que são ricas em sais minerais. Então, elas se juntam ao ar, à água, aos restos de animais e vegetais e formam o solo. Esse processo não é rápido. É preciso passar muito tempo para que o solo se forme.

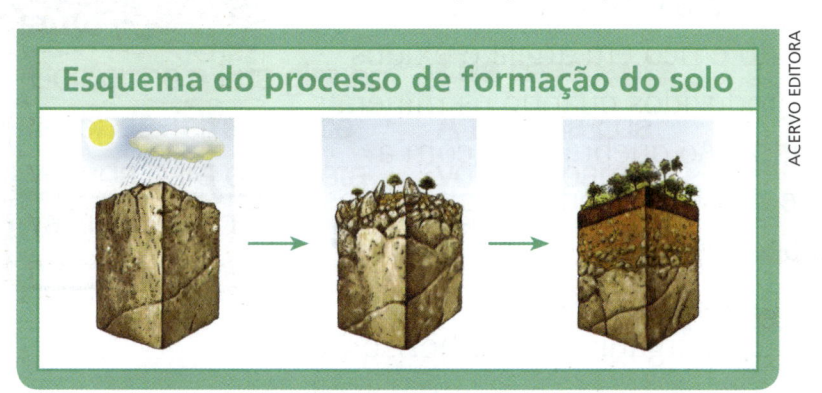

Esquema do processo de formação do solo

Os solos podem ser:
- **arenosos** – formados principalmente por areia. Por não segurarem a água da chuva, são solos secos;
- **argilosos** – formados principalmente por argila. Não deixam a água passar com facilidade. São solos barrentos;
- **humíferos** – formados principalmente por húmus. São solos escuros e ótimos para agricultura.

QUEBRA, DESMANCHA E FORMA

O solo vai se formando à medida que as rochas se quebram e se desmancham.

Em geral, ele se desenvolve em diferentes camadas, conhecidas como horizontes. O conjunto desses horizontes constitui um perfil de solo. Veja a figura a seguir para entender isso melhor.

Para diferenciar cada um dos horizontes, é preciso levar em conta diversas características, como cor, tamanho de grãos, presença ou não de matéria orgânica etc.

A camada de cima do solo é o horizonte **A** e fica perto da superfície. É cinza ou preta, por causa da presença de matéria orgânica.

Enquanto essa camada está se formando, a água que passa pelos poros leva partículas de argila e elementos químicos para as camadas que ficam embaixo.

O horizonte **B** é castanho ou avermelhado e rico em argila e óxidos de ferro, produzidos quando os minerais são alterados. Ao quebrarmos com a mão parte desse horizonte, ficam vários pedaços pequenos de blocos e prismas (forma alongada). O horizonte **B** tem menos matéria orgânica que o horizonte **A**, mas muitas raízes são encontradas ali.

Mais abaixo, está o horizonte **C**, que não faz parte do solo propriamente dito. Ele é formado por rochas que começaram a ser alteradas por elementos químicos encontrados na água, mas ainda não foram completamente transformadas.

Adaptado de: *Ciência Hoje das Crianças*, ano 9, n. 60, jul. 1996.

EXPERIÊNCIA

Observando a permeabilidade dos solos

Materiais necessários

3 garrafas PET de 2 litros

1 copo plástico de terra argilosa

1 copo plástico de areia

1 copo plástico de terra adubada (terra de jardim)

3 chumaços de algodão

1 canecão

Água

Procedimentos

- Corte as garrafas de plástico um pouco acima da metade.

- Encaixe a metade com o gargalo sobre a parte de baixo, de modo a formar um funil.

- Coloque um pouco de algodão na boca do funil.

- Coloque os diferentes solos em cada um dos funis.

- Coloque a água aos poucos sobre cada amostra de solo e anote o tempo necessário para a água passar em cada uma delas. Use a mesma quantidade de água para cada amostra.

Esquema de montagem do experimento.

Agora, responda:

a) Em qual solo a passagem da água foi mais rápida? Em qual foi mais lenta?

_____

_____

_____

b) Quais são as modificações que você observou em cada um dos tipos de solo após a passagem da água?

_____

_____

_____

c) Qual das três amostras armazena mais água?

_____

_____

d) A partir dos resultados obtidos, diga qual é a melhor amostra para as plantas absorverem água para o seu crescimento e sobrevivência.

_____

_____

_____

e) A partir da interpretação dos resultados obtidos, imagine que existam dois terrenos, um deles com solo arenoso; o outro com solo argiloso. De repente, começa a chover muito. Em qual dos solos é mais provável ficar encharcado o terreno?

_____

_____

A erosão do solo

A erosão ocorre quando a vegetação é retirada do solo e ele fica desprotegido. O vento e a água arrastam parte do solo e seus nutrientes.

Para evitar a erosão, é preciso manter a vegetação que cobre o solo.

Erosão nas margens do Rio Negro, Amazonas.

As rochas

As rochas são agrupamentos de um ou vários materiais denominados **minerais**.

Na Terra há muitos tipos de rocha, com formatos, tamanhos, texturas e cores variados. Eles têm diferentes processos de formação. Podem ter surgido:

- do resfriamento das lavas de vulcão;
- do acúmulo de fragmentos de rochas desgastadas pelo tempo;
- de transformações no interior da crosta terrestre.

A ardósia é formada pela transformação de finos grãos de argila ou cinzas vulcânicas. Costuma ser usada em pisos, fachadas e telhados.

O granito é formado pelo resfriamento das lavas de vulcão. É composto de três minerais: quartzo, mica e feldspato. Costuma ser usado em pias e pisos.

Alguns minerais contêm cobre, ferro, alumínio ou outros metais. Eles são chamados de minérios. Os minérios são explorados para se extraírem substâncias utilizadas na produção de vários materiais.

A hematita, por exemplo, é um minério de ferro. Isso significa que a hematita fornece ferro depois de ser trabalhada nas indústrias. O ferro é utilizado na construção de pontes, edifícios e estruturas metálicas, e em ferramentas, máquinas e veículos de todos os tipos.

A calcita é o principal mineral que forma o calcário, que costuma ser usado como pedra em **edificações**, na produção de cal, na fabricação de cimento, entre outros. Ela se forma quando muitos grãos de diversas rochas ficam agrupados sob uma grande pressão durante anos e anos.

Extração de minério de ferro.

Hematita.

IMAGENS FORA DE ESCALA.

Descubra se existe algum tipo de rocha aproveitado no revestimento ou na decoração no lugar onde você está neste momento. De que cor ele é?

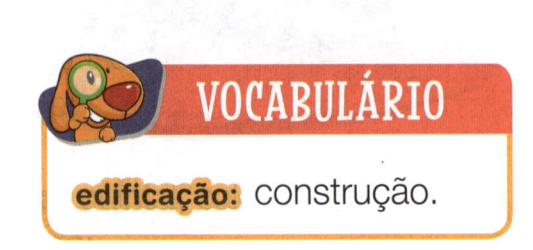

VOCABULÁRIO

edificação: construção.

ATIVIDADES

1 Complete as frases.

a) Litosfera é _____

_____

b) Crosta terrestre é _____

_____

2 De que forma a crosta terrestre é aproveitada pelos seres vivos?

_____

3 Como o solo é formado? Explique com suas palavras.

_____

4 Quais são os tipos de solo?

_____

5 As poças de água se formam com mais facilidade no:

☐ solo argiloso.

☐ solo arenoso.

☐ solo humífero.

6 Complete as frases a seguir.

a) Para plantar em solo seco, precisamos _____.

b) Para plantar em solo muito úmido, precisamos _____.

7 Responda.

a) Quando ocorre a erosão do solo?

_____

_____

b) O que é preciso fazer para evitar a erosão do solo?

_____

_____

8 O que são rochas?

_____

9 Como as rochas podem ter surgido?

_____

_____

10 Numere a segunda coluna de acordo com a primeira.
Com relação à formação das rochas:

1 calcita

2 granito

3 ardósia

4 hematita

☐ É um minério de ferro.

☐ Formada pela transformação de finos grãos de argila.

☐ Principal mineral que forma o calcário.

☐ Formado pelo resfriamento das lavas de vulcão.

EU GOSTO DE APRENDER

Nesta lição, você estudou:
- a Terra é constituída de água, ar, solo e seres vivos;
- a parte da superfície coberta por água é a hidrosfera. Todos os seres vivos precisam de água para sobreviver;
- os estados físicos da água são: sólido, líquido e gasoso. A água potável, aquela que podemos consumir, é incolor, inodora e insípida;
- a água, na natureza, passa por um ciclo, e a chuva é essencial para ele;
- a camada de ar que cobre a Terra é a atmosfera. O gás oxigênio é o mais importante para a respiração dos seres vivos;
- o vento é o ar em movimento;
- a litosfera é a camada sólida da superfície terrestre formada por rochas e solo. A parte mais superficial da litosfera é a crosta terrestre, onde habitam os seres vivos;
- o solo é formado por diferentes tipos de rocha e pode ser arenoso, argiloso e humífero;
- as rochas são agrupamentos de um ou vários minerais que passaram por diferentes processos de formação.

ATIVIDADES

1 Como a água doce está distribuída no planeta?

_____
_____
_____

2 O que são e como são explorados os minérios? Dê exemplos.

_____
_____
_____

EU GOSTO DE APRENDER MAIS

Jardineiro do manguezal

[...] a natureza também tem seus próprios jardineiros. Hoje, você vai conhecer um deles: o caranguejo-uçá.

De corpo azulado ou amarelado e patas cor de vinho, essa espécie de crustáceo se alimenta de folhas e só vive em regiões de manguezal. [...]

Como não consegue escalar as árvores para pegar seu alimento, o caranguejo espera as folhas ficarem amareladas e caírem – só então consegue comê-las. "O problema é que as folhas que caem das árvores são pobres em nutrientes. Por isso, esse animal precisa comer uma grande quantidade de folhas para viver", conta o biólogo Marcelo Antonio Amaro Pinheiro.

O cocô depositado no solo pelo caranguejo serve de alimento para fungos e bactérias, que processam o material e o transformam em uma pasta nutritiva. "Quando a maré sobe, geralmente seis horas depois de ter baixado, a água invade as galerias e forma lama", explica Marcelo. "Em uma nova maré baixa, ao limparem sua galeria, os caranguejos levam esta lama enriquecida para fora, misturando-a ao solo da superfície. Isso faz com que as árvores cresçam mais rapidamente e saudáveis."

Sem a presença do caranguejo-uçá, o mangue se transformaria em um jardim abandonado e pobre. Vamos cuidar para que isso não aconteça!

Camille Dornelles. Disponível em: http://chc.org.br/jardineiro-do-manguezal/.
Acesso em: 27 jun. 2022.

ATIVIDADES COMPLEMENTARES

Leia o texto e responda em seu caderno.

1 O caranguejo-uçá vive em qual ambiente? Do que ele se alimenta?

2 Como o caranguejo-uçá ajuda na nutrição do solo do mangue?

LIÇÃO 3 — CULTIVANDO O SOLO

Observe as imagens a seguir.

Plantação de milho.

Plantação de banana.

Plantação de tomate.

Plantação de laranja.

Nas imagens que você viu, o solo é usado para a agricultura, uma importante atividade humana para a produção de alimentos.

Para a agricultura o solo de cultivo precisa ser fértil, porque é necessário que as plantas cresçam saudáveis e possibilitem a colheita dos alimentos.

A primeira camada do solo é rica em húmus, detritos de origem orgânica. Essa camada é chamada **camada fértil**.

A água, o gás oxigênio e os sais minerais são os nutrientes do solo. Um solo rico em nutrientes é fértil para o plantio.

Na agricultura, são usados procedimentos importantes para o cultivo do solo. Veja quais são eles:

Preparo para o plantio

Drenagem

A drenagem retira o excesso de água do solo. Para dréná-lo abrem-se valas, fazem-se aterros ou plantam-se girassóis ou eucaliptos – plantas que retiram muita água do solo.

Certos tipos de planta preferem solo com muita água. É o que acontece com o arroz e o agrião. Nesse caso, o solo não precisa ser drenado.

Plantação de girassóis para drenagem de solo. Pongaí (SP).

Irrigação

A água para a irrigação é bombeada de rios, açudes ou poços e levada até a plantação por valetas ou tubulações.

Irrigação feita por tubulações que levam água até a plantação. Biritiba Mirim (SP).

Aração

A aração revolve a terra, permite seu arejamento e facilita a entrada de água com sais minerais.

Ela pode ser feita com enxada ou com arados puxados por animais ou tratores.

Aração com o arado puxado por animais.

Aração com o arado empurrado por um trator.

Adubação

Depois de vários plantios, o solo fica com falta dos sais minerais de que as plantas necessitam para crescer. Então é necessário adubá-lo com fertilizantes.

Os fertilizantes podem ser naturais, como estrume, restos de folhas e de galhos apodrecidos; ou químicos, isto é, preparados nas indústrias.

Solo adubado com minhocas.

Na agricultura que não usa produtos químicos, a terra pode ser adubada também com minhocas. As minhocas são extremamente úteis na fertilidade do solo. Elas escavam túneis que facilitam o arejamento e a entrada de água.

Desertificação e erosão do solo

A desertificação é a mudança do solo fértil em solo arenoso, impróprio para a agricultura.

A desertificação é um processo natural da Terra. Muitos desertos de hoje já foram florestas no passado. No entanto, as atividades humanas estão acelerando a formação de desertos. Cerca de 15% da superfície terrestre está sob o risco de desertificação.

Esse processo pode ser causado pela criação de gado, pelo plantio e extração de minérios do subsolo. Essas atividades contribuem para o surgimento de terrenos que não retêm água.

A desertificação é um problema grave porque diminui as terras cultiváveis do planeta. Com o crescimento da população mundial, essas áreas certamente farão falta no futuro.

A erosão das rochas e do solo

As rochas e os solos sofrem constantemente modificações provocadas pela ação do vento, das águas, do calor, do frio, dos seres vivos.

No calor, as rochas dilatam. No frio, elas se contraem. Com o passar do tempo, as rochas se partem. A água entra pelas fendas das rochas e congela, forçando as fendas a abrirem ainda mais.

As rochas se partem e formam pedras, que por sua vez se partem formando pedregulhos.

O vento e a água derrubam árvores, cavam buracos, desgastam as margens dos rios e carregam grandes porções de solo de um lugar para outro.

A água do mar e as ondas desgastam as rochas do litoral.

A água dos rios cava vales profundos nas rochas.

O desgaste das rochas e a remoção das partículas do solo é a erosão.

A erosão é inimiga do solo fértil. E nós dependemos do solo fértil para cultivar os vegetais que nos alimentam. A erosão também é inimiga do solo das cidades. Nos locais onde ela acontece, as casas podem desabar.

A principal maneira de impedir a erosão do solo é por meio da cobertura vegetal. Onde há plantas, a água da chuva não remove as partículas do solo.

Pedras e pedregulhos formados de rochas.

O rio corre no vale que cavou nas rochas durante milhares de anos.

As ondas do mar desgastam as rochas e fazem o contorno do litoral.

ATIVIDADES

1 O que é erosão?

_____

2 Quais agentes da natureza causam a erosão?

_____

_____

3 Marque com um **X** as frases corretas.

☐ A erosão causa a formação de vales profundos.

☐ Erosão é o desgaste sofrido pelas rochas e pelo solo.

☐ As enchentes desgastam as margens dos rios, carregando grandes porções de terra de um lugar para outro.

4 Pesquise, recorte e cole em seu caderno fotos de locais onde ocorreu erosão.

5 Explique a seguinte frase: "Água mole em pedra dura tanto bate até que fura".

_____

_____

6 Na foto ao lado, a água da cachoeira desce pelas pedras. Com o passar dos anos, o que pode ocorrer com as rochas desse local?

_____

_____

_____

O solo e a vegetação

Nos variados tipos de solo crescem diferentes espécies de plantas. Os inúmeros solos que formam a Amazônia servem como exemplo disso.

Nas regiões amazônicas baixas, denominadas **igarapés**, em determinados meses do ano, o solo é inundado pelas enchentes dos rios, tornando-se rico em húmus, o que sustenta uma vegetação densa.

Nas regiões baixas da Floresta Amazônica, o solo é inundado pelas cheias dos rios e fica rico em húmus. Isso ajuda a sustentar muitos tipos de vegetais.

A vegetação das regiões amazônicas altas apresenta poucas árvores. Isso é decorrência da menor quantidade de húmus, já que as partes altas não são inundadas pelas enchentes periódicas.

Nos solos ricos em húmus, como os das florestas, cresce uma grande variedade de plantas.

Nos solos arenosos, como o da Caatinga, cresce uma vegetação baixa e esparsa. Como a quantidade de húmus é pequena, há pouca vegetação.

O solo do cerrado é rico em minerais de alumínio. As plantas da região têm folhas grossas e flores com pétalas que parecem feitas de cera, por causa da grande quantidade desses minerais.

As árvores são baixas, com caules retorcidos. O capinzal cobre o solo.

Vegetação da Caatinga no sertão paraibano.

Vegetação do Cerrado em Minas Gerais.

O mangue está situado na foz dos rios que deságuam no mar. O solo dos mangues é lodoso, com muitos sais minerais e pouco oxigênio, e é periodicamente inundado pelas marés.

As plantas têm adaptações especiais para sobreviver nesse ambiente.

Uma espécie de árvore do manguezal tem raízes que escoram a planta no solo lodoso.

Em outra espécie desse ambiente, as raízes crescem para fora da linha da água para absorver o gás oxigênio do ar e ficam acima do nível da água mesmo quando a maré sobe.

Planta do mangue com raízes que a escoram no terreno lodoso.

O solo do manguezal é pobre em oxigênio. Nele crescem plantas com raízes para fora do lodo. Elas absorvem gás oxigênio do ar.

Na região onde você mora, que tipo de vegetação prevalece?

Manguezal

O manguezal é uma região de transição entre o ambiente terrestre e o costeiro, por isso está localizado sempre no litoral. No Brasil existem 12% de todos os manguezais do mundo. Eles se distribuem do Amapá até Santa Catarina em grandes áreas naturais que vêm sendo destruídas e degradadas.

Manguezal na Barra do Cunhaú, distrito da cidade de Canguaretama, Polo Costa das Dunas, Canguaretama (RN).

A destruição ocorre principalmente pelo aterro dessas áreas para a construção de prédios nas orlas marítimas ou marinas. Já a degradação advém da utilização do local para a deposição de lixo, lançamento de esgotos residenciais ou industriais e pesca predatória.

A importância do manguezal para o meio ambiente é enorme. No mangue vivem várias espécies de plantas e animais. É do mangue que peixes, moluscos e crustáceos que habitam o mar encontram as condições ideais para reprodução. Assim, o local funciona como berçário, criadouro e abrigo para várias espécies de fauna aquática e terrestre. São os manguezais que produzem mais de 95% do alimento que o ser humano pesca no mar. Desse modo, a destruição dos manguezais afeta as comunidades pesqueiras que vivem em seu entorno, incluindo os catadores de caranguejo, que obtêm sustento da coleta e da comercialização desses animais.

Ocupação de moradias em área de manguezal, Rodovia Padre Manuel da Nóbrega, Cubatão (SP).

Catador de caranguejos no Delta do Rio Parnaíba (PI).

A destruição da vegetação do mangue acaba por favorecer a erosão e o desmoronamento da costa, já que as raízes dessas plantas ajudam a fixar as terras.

Além disso, a destruição do ambiente do mangue faz com que muitas espécies de animais

Área de mangue com despejo de lixo, Magé (RJ).

e vegetais fiquem em risco de extinção. Por isso, existe uma legislação específica para a proteção dessas áreas, mas muitas vezes ela não é respeitada.

Fonte: Adaptado de: Andrea Olinto. *O ecossistema manguezal*. Disponível em: http://ecologia.ib.usp.br/portal/index.php?option=com_content&view=article&id=70&Itemid=409#importancia. Acesso em: 30 jun. 2022.

ATIVIDADES

1 Qual é a importância dos manguezais?

_____

_____

2 Pesquise se na sua região ou próxima a ela há manguezal. Se houver, verifique se a região está preservada ou se há degradação/destruição do local. Pesquise também se há alguma comunidade pesqueira que vive daquela área e se há respeito à legislação que protege o mangue.

3 Como é o solo da Amazônia? Numere os quadrinhos de acordo com a legenda.

1. Nas regiões amazônicas baixas
2. Nas regiões amazônicas altas

☐ o solo é inundado pelas enchentes dos rios.

☐ o solo não é inundado pelas enchentes periódicas.

☐ há menor quantidade de húmus no solo.

☐ o solo é rico em húmus.

☐ a vegetação é densa.

☐ a vegetação apresenta poucas árvores.

4 Relacione as colunas.

Mangue	Solo rico em húmus.
Floresta	Solo arenoso.
Caatinga	Solo rico em minerais de alumínio.
Cerrado	Solo lodoso.

5 Que tipo de vegetação se desenvolve nestes solos?

a) Solo rico em húmus: _____

b) Solo arenoso: _____

c) Solo rico em minerais de alumínio:

_____

_____

d) Solo lodoso:

_____

_____

Poluição do solo

Assim como a água e o ar, o solo também é afetado pelos resíduos das atividades humanas. O principal deles é a deposição de lixo. Quando se deposita o lixo a céu aberto, nos chamados lixões, o solo torna-se poluído. Com o passar do tempo, o lixo se decompõe e produz líquidos que penetram no solo e podem atingir a água subterrânea. Ele também produz gases que poluem o ar. Além disso, atraem animais que transmitem doenças, como ratos e baratas.

Lixo urbano, Rio de Janeiro, 2017.

No Brasil, ainda não é todo lixo produzido que é descartado em locais apropriados, como os aterros sanitários.

Os aterros sanitários são locais especialmente construídos para a deposição do lixo. Neles, o lixo é disposto em camadas que são prensadas e cobertas por terra. Sob o aterro é construída uma base impermeável para evitar que o líquido produzido pelo lixo contamine a água subterrânea. Há também sistemas para drenar esse líquido e tratá-lo.

Além desse problema, muitas indústrias lançam em terrenos próximos aos aterros substâncias tóxicas que penetram no solo e podem permanecer durante muitos anos contaminando-o.

Aterro sanitário em Nazária (PI), 2015.

Segundo os dados oficiais divulgados em 2019, o Brasil gera 79 milhões de toneladas de lixo sólido urbano por ano, o que corresponde a cerca de 372 quilos de lixo por pessoa no ano. Desse total, mais de 30 milhões de toneladas é descartada sem as medidas necessárias para a proteção da saúde e do meio ambiente. Procure saber como é descartado o lixo na região onde você mora e o que pode ser feito para diminuir a poluição do solo.

ATIVIDADES

1. Qual é a principal causa da poluição do solo? Por quê?

2. A poluição do solo pode causar doenças?

3. O que poderia ser feito para diminuir o problema da poluição do solo?

EU GOSTO DE APRENDER

Nesta lição, você estudou:
- o solo corresponde à camada superficial da Terra e abaixo dele estão o subsolo e as rochas;
- o solo se formou há milhões de anos a partir das rochas que se partiram com a ação da temperatura, das chuvas, dos ventos e dos seres vivos;
- o solo fértil contém argila, areia, seres vivos e húmus, essencial para o desenvolvimento das plantas;
- existem diferentes tipos de solo: arenosos, argilosos e húmicos;
- a drenagem retira o excesso de água dos solos cultivados e a irrigação leva água até as plantações;
- a aração revolve a terra para facilitar a entrada de água com sais minerais no solo e a adubação repõe esses sais minerais quando o solo está pobre após vários plantios;
- a desertificação é um processo natural da Terra, mas as atividades humanas estão acelerando esse processo;
- nos variados tipos de solo se desenvolvem diferentes tipos de planta;
- a deposição de lixo é a principal causa de poluição do solo. A decomposição dos resíduos produz líquidos que penetram no solo, podendo atingir a água subterrânea, produz gases poluentes e atrai animais transmissores de doenças.

LEIA MAIS

História do agricultor que fazia milagres

Josué Guimarães. São Paulo: Companhia Editora Nacional, 2012.

Um livro extremamente divertido, que narra as aventuras de Tio Balduíno, homem de muitos sonhos e poucas realizações, que nunca se conformou com a rotina e sempre fez coisas que ninguém havia tentado antes. Com muita criatividade, ele conta aos sobrinhos suas ideias fantásticas para melhorar as colheitas, a produção de leite e outras atividades da agricultura.

EU GOSTO DE APRENDER MAIS

Reciclagem

Enquanto a natureza se mostra eficiente em reaproveitamento e reciclagem, nos ambientes construídos a produção de lixo é maior do que a reciclagem. Várias substâncias produzidas pelo ser humano não se decompõem facilmente. Vidros, latas e alguns plásticos levam muitos anos para se decompor. Esse lixo acaba poluindo o solo, a água e o ar. Veja exemplos do tempo de decomposição de alguns materiais a seguir.

TEMPO APROXIMADO DE DECOMPOSIÇÃO DE ALGUNS MATERIAIS NA NATUREZA	
Objeto/Material	Tempo de permanência no ambiente
Caixa de leite/papelão	3 meses
Jornal/papel	6 meses
Lata/alumínio	200 anos
Garrafa plástica/plástico	400 anos
Garrafa de vidro/vidro	mais de 600 anos

É por isso que o destino correto do lixo é a reciclagem. Esse processo deve começar em nossa casa, nas escolas e nas indústrias.

ATIVIDADES COMPLEMENTARES

Imagine um piquenique em um parque em um dia agradável. Na hora de ir embora, sobraram latas de sucos, guardanapos, canudinhos e restos de alimentos. Com base nessas informações, responda em seu caderno:

1. Qual o destino a ser dado aos restos do piquenique?

2. Suponha que as pessoas jogaram seus restos no meio das árvores. A presença dessas pessoas no parque poderá ficar marcada? Por quanto tempo? Você considera correta essa atitude?

LIÇÃO 4

OS ANIMAIS

Observe as imagens a seguir. Veja a variedade de animais que existem!

Mosca.

Mico-leão-dourado.

Anta.

Rã.

Arara.

Tartaruga.

Cobra.

Beija-flor.

Pulga.

Piranha.

Lagosta.

Aranha.

Você sabia que o corpo de alguns desses animais na realidade é bem maior do que aparece nas fotos?

Os animais podem ser agrupados de acordo com algumas de suas características, entre elas:
- as semelhanças entre as partes do corpo de cada um;
- o modo como se locomovem;
- os alimentos que consomem;
- a forma como nascem e se reproduzem.

Animais vertebrados

Há animais que têm coluna vertebral. São chamados animais **vertebrados**.

O **esqueleto** desses animais é interno.

Esquema de esqueletos.

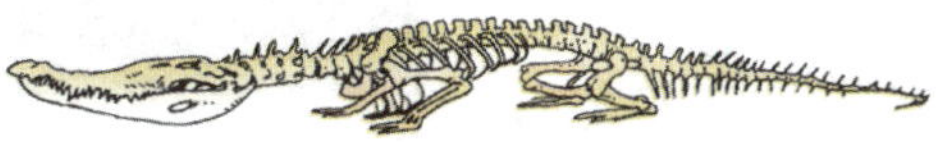

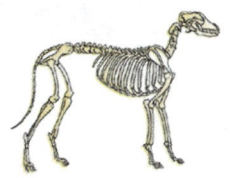

Peixe. Jacaré. Cachorro.

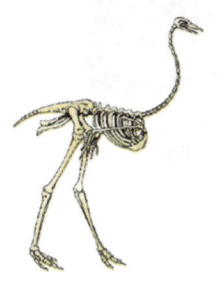

Avestruz. Cobra.

VOCABULÁRIO

esqueleto: conjunto de ossos e cartilagens que formam a base de sustentação do corpo do animal.

Esquema de esqueletos.

Animais invertebrados

Os **animais invertebrados** são aqueles que não têm coluna vertebral. Eles vivem na terra e na água.

A formiga, a minhoca e o caracol vivem na terra.

A ostra, o polvo e a estrela-do-mar vivem na água.

O caracol mede de 2 a 5 cm de comprimento.

A estrela-do-mar tem de 12 a 14 cm de diâmetro.

Os invertebrados estão reunidos em vários grupos; o maior deles é o dos **artrópodes**.

As aranhas, moscas, abelhas, borboletas, baratas, vespas, besouros, grilos, escorpiões, caranguejos, camarões e muitos outros fazem parte desse grupo.

Os insetos

Os **insetos** são artrópodes facilmente reconhecidos por causa das seguintes características:
- seu corpo é dividido em cabeça, tórax e abdome;
- na cabeça, possuem um par de antenas e um par de olhos;
- no tórax, possuem três pares de pernas e um ou dois pares de asas.

As partes do corpo de uma abelha.

Os insetos são os animais terrestres mais abundantes; estão espalhados por todos os ambientes. Os insetos alados são os únicos invertebrados capazes de voar.

Os aracnídeos

Os **aracnídeos** são artrópodes que possuem quatro pares de pernas e não têm antenas. As aranhas, os escorpiões e os ácaros fazem parte desse grupo.

Algumas espécies de aranhas e escorpiões são perigosas e causam danos aos seres humanos. Em geral, esses animais vivem embaixo de pedras e troncos ou entre folhas secas caídas no chão.

Aranha.

Escorpião.

Outros invertebrados

Há outros **invertebrados**, inclusive **aquáticos**, que vivem no fundo dos mares e dos rios. Alguns deles vivem presos em rochas, como os mariscos e os corais. Já as lulas, as águas-vivas e os polvos podem nadar.

Polvo.

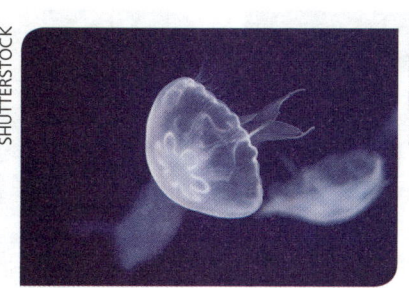

Água-viva.

Lula.

Os vários olhos da mosca

Você já se perguntou por que é difícil pegar uma mosca? Ela pousa. Você vai de mansinho e, pimba, ela já voou para outro lugar. A explicação está nos olhos desses insetos. Eles são chamados olhos compostos, pois cada um deles abriga milhares de olhos simples, uma quantidade que pode variar de 3 a 6 mil olhos!

Isso quer dizer que ela monitora totalmente o que está ao seu redor, mesmo que tenha a visão, digamos, um pouco embaçada.

Por causa de seus olhos, a mosca pode ver o que acontece em todos os lados, inclusive atrás.

ATIVIDADES

1 Escreva o nome dos animais das imagens a seguir. Depois marque com um **X** os animais invertebrados e com ⭘ os vertebrados.

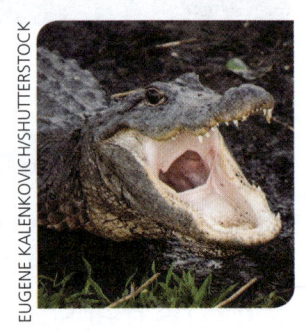

2 Relacione o esqueleto ao nome do animal.

| ave | peixe | macaco |

3 Nomeie as partes do corpo da formiga.

1 _____   4 _____

2 _____   5 _____

3 _____   6 _____

65

4 Escreva **esqueleto interno**, **esqueleto externo** ou **sem esqueleto** embaixo dos animais a seguir, de acordo com sua estrutura física.

Gato.

Minhoca.

Aranha.

_____ _____ _____

5 Os seres humanos são:

☐ vertebrados.   ☐ invertebrados.

• Por quê?

_____

6 Identifique os invertebrados das imagens a seguir.

As duas antenas servem para sentir o que está a sua volta. Tem seis pernas e aparece em todos os lugares.

Tem uma concha sobre o corpo. No alto da cabeça possui duas antenas com os olhos nas pontas.

Existe em todo lugar. Tem olho composto, seis pernas, duas antenas e quatro asas. Adora pousar em alimentos frescos ou jogados no lixo.

_____ _____ _____

Vive debaixo do solo fazendo túneis ao se locomover. Tem o corpo bem mole.

Tem oito pernas e possui um ferrão que injeta veneno na ponta da cauda.

_____

_____

Tem duas asas bem grandes que quando se fecham parecem formar uma carapaça protegendo o corpo. Tem seis pernas, duas antenas e quatro asas. Gosta de comer pulgões, que sugam as plantas.

É do mar que ele gosta, mas também pode viver em rios. Tem uma carapaça bem dura revestindo seu corpo.

Tem dois pares de asas, um par de antenas e três pares de pernas. Seus hábitos são noturnos.

_____

_____

_____

7 Liste os animais invertebrados que você conhece e com os quais tem contato.

_____
_____
_____
_____
_____
_____

Classificação dos animais vertebrados

Os animais vertebrados podem ser classificados em: **mamíferos**, **aves**, **répteis**, **anfíbios** e **peixes**.

Mamíferos

Os **mamíferos** são animais que nascem do corpo de suas mães e mamam para se alimentar. Eles têm o corpo coberto por pelos e respiram por meio de pulmões.

A maioria dos filhotes de

Os gatinhos nascem do corpo da fêmea. Eles se alimentam do leite da mãe quando filhotes.

mamíferos se forma dentro do corpo da mãe, e por isso, são chamados **vivíparos**. Alguns, porém, se formam em ovos e, por isso, são chamados **ovíparos**, como as equidnas e os ornitorrincos.

Aves

Ornitorrinco.

As **aves** são animais vertebrados que têm o corpo coberto por penas e respiram por pulmões. Elas se locomovem no ar, na terra e na água. As aves nascem de ovos e, por isso, são animais **ovíparos**.

O gavião tem o corpo coberto de penas. É uma ave que pode chegar a 40 cm.

As galinhas fazem ninho para chocar os ovos. O corpo da fêmea aquece os ovos para que os pintinhos se desenvolvam até o nascimento.

Répteis

Os **répteis** podem ter o corpo coberto por placas resistentes, por escamas ou por carapaças. Costumam viver na terra para aquecer seu corpo ao Sol, mas também podem viver na água. Seus filhotes nascem de ovos, então são animais **ovíparos**.

A tartaruga é um réptil com carapaça: seu corpo é protegido por um casco. Seus filhotes nascem de ovos.

Anfíbios

Os **anfíbios** são animais que vivem na terra quando adultos, mas precisam de água para manter a pele sempre úmida. Para se reproduzir, põem ovos em meios aquáticos ou úmidos, sendo, dessa forma, **ovíparos**. Apresentam metamorfose, ou seja, seus corpos passam por uma grande transformação em seu desenvolvimento.

Os filhotes dos anfíbios sofrem transformações do momento em que nascem até a fase adulta.

Peixes

Os **peixes** vivem na água e, para se reproduzir, põem ovos e, portanto, são **ovíparos**. Seu corpo geralmente é recoberto por escamas, possuem nadadeiras e a maioria respira por brânquias.

Alguns peixes vivem na água doce e outros, na água salgada.

Peixe.

ATIVIDADES

1 Escreva o nome de três animais vertebrados.

_____

2 Complete as frases a seguir.

a) O coelho tem o corpo coberto por _____.

b) O jacaré tem o corpo coberto por _____.

c) O peixe tem o corpo coberto por _____.

d) A galinha tem o corpo coberto por _____.

e) A rã tem a pele lisa e _____.

3 Numere as frases de acordo com o quadro abaixo.

1	mamíferos	4	anfíbios
2	aves	5	peixes
3	répteis		

☐ Vivem parte de sua vida na água e parte na terra.

☐ Têm o corpo coberto por escamas e vivem na água.

☐ Têm o corpo coberto por pelos e mamam quando filhotes.

☐ Têm o corpo coberto por penas e possuem bico.

☐ Põem ovos, têm o corpo coberto por placas duras ou escamas.

4 Complete as frases com as palavras do quadro.

> água   vivíparos   ovíparos   ovos

a) Os filhotes de animais _____ são formados dentro do corpo da mãe.

b) Os filhotes de animais _____ são formados dentro de ovos.

c) Os peixes vivem na _____ e, para se reproduzir, põem _____ , portanto, são ovíparos.

5 Os seres humanos são:

☐ ovíparos   ☐ vivíparos

6 Escreva **V** para animais vivíparos e **O** para animais ovíparos.

☐ galinha   ☐ cavalo

☐ cachorro   ☐ gato

☐ coelho   ☐ ema

☐ tartaruga   ☐ ser humano

☐ jacaré   ☐ papagaio

7 Leia as descrições e complete a cruzadinha com o nome dos animais vertebrados que possuem essas características.

1. Sou um lindo mamífero, por vezes utilizado como montaria pelo ser humano.
2. Sou um mamífero que voa e de hábitos noturnos.
3. Sou mamífero e tenho um pescoço muito comprido.
4. Tenho o corpo coberto por uma carapaça – posso me recolher dentro dela para me proteger.
5. Sou um mamífero e vivo na água.
6. Sou um réptil e tenho o corpo coberto por escamas.
7. Sou um anfíbio de pele fina e vivo em locais úmidos.
8. Sou uma ave e aprendo a falar.
9. Sou um mamífero e gosto de comer formigas.
10. Sou considerado o melhor amigo do ser humano.

EU GOSTO DE APRENDER

Leia os itens que você estudou nesta lição.
- Os animais podem ser agrupados conforme algumas características, a forma que se reproduzem, as semelhanças físicas, o modo de locomoção e de alimentação.
- Os vertebrados são os animais que têm coluna vertebral. O esqueleto desses animais é interno.
- Os invertebrados não têm coluna vertebral.
- Alguns invertebrados têm o esqueleto externo. Outros não possuem carapaça, são animais sem esqueleto.
- Os animais vertebrados podem ser classificados como: mamíferos, aves, répteis, anfíbios e peixes.
- Os mamíferos são animais que mamam em suas mães para se alimentar, têm o corpo coberto por pelos e respiram por pulmões. A maioria deles é vivíparo.
- As aves têm o corpo coberto por penas, respiram pelos pulmões e são ovíparas. Elas podem se locomover no ar, na terra e na água.
- Os répteis podem ter o corpo coberto por placas, escamas ou carapaças. Costumam viver na terra, mas também podem viver na água. São animais ovíparos.
- Os anfíbios vivem na terra quando adultos, mas precisam de água para manter a pele úmida. São ovíparos e sofrem metamorfose durante seu desenvolvimento.
- Os peixes vivem na água, doce ou salgada, e são ovíparos. Seu corpo geralmente é coberto por escamas, possuem nadadeiras e a maioria respira por meio das brânquias.

ATIVIDADE

- Você tem um animal de estimação? Relate aos colegas como é sua convivência com ele.

EU GOSTO DE APRENDER MAIS

Cuidado com a dengue!

A dengue é uma doença causada por um vírus, um microrganismo. Ele é transmitido pela fêmea do mosquito *Aedes aegypti*, que se contamina com o vírus ao picar alguém com dengue.

O *Aedes aegypti* é preto e tem listras brancas no corpo e nas pernas. Ele é menor que os mosquitos comuns. A fêmea deposita seus ovos em água limpa e deles surgem as larvas que se desenvolvem em novos mosquitos.

A fêmea do mosquito ataca de manhã ou ao entardecer. Geralmente pica os pés e os tornozelos, porque voa baixo e sua picada não dói nem coça.

A principal medida de prevenção da dengue é não deixar água parada em qualquer tipo de recipiente, para evitar a proliferação do mosquito.

Alguns cuidados contra o mosquito da dengue:

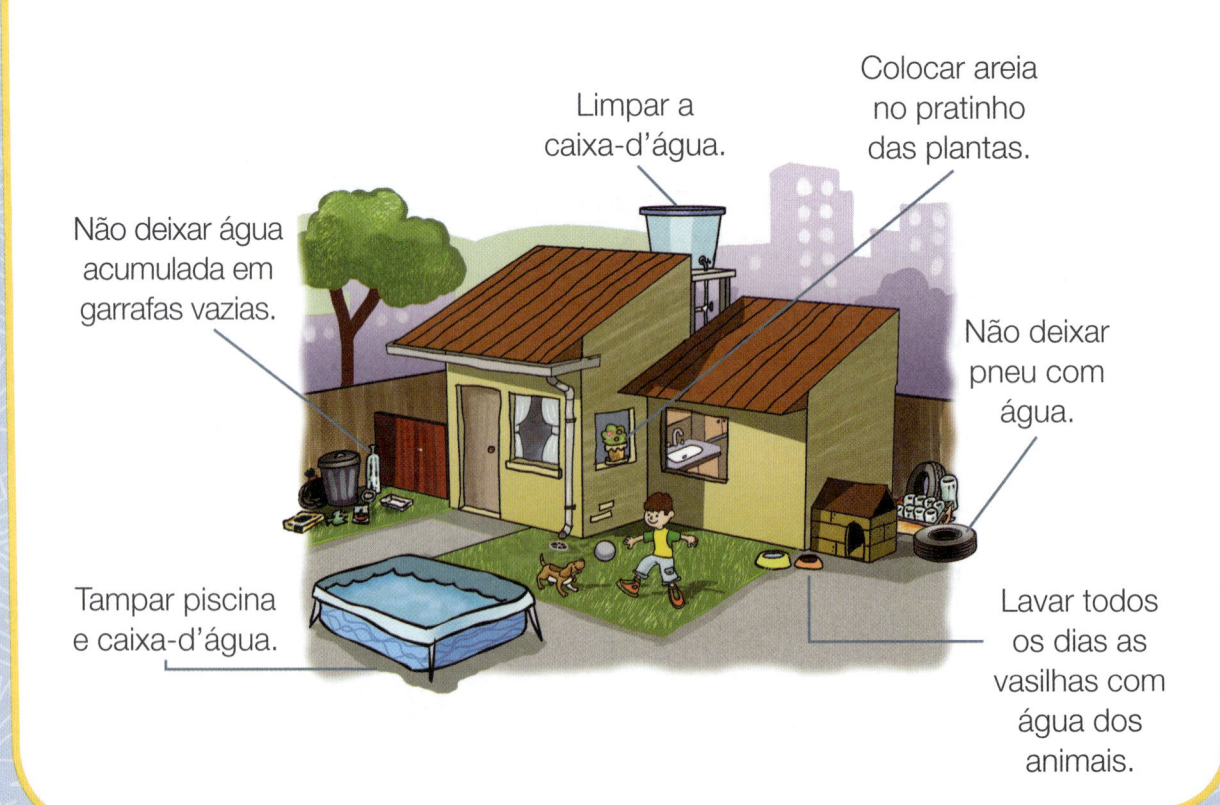

- Limpar a caixa-d'água.
- Colocar areia no pratinho das plantas.
- Não deixar água acumulada em garrafas vazias.
- Não deixar pneu com água.
- Tampar piscina e caixa-d'água.
- Lavar todos os dias as vasilhas com água dos animais.

LIÇÃO 5 — OS ANIMAIS E O AMBIENTE

No mundo existe um grande número de espécies de animais com as mais variadas características.

Todos os animais – incluindo o ser humano – precisam de um lugar para viver.

Observe as imagens a seguir e leia as legendas.

As capivaras vivem em grupo em áreas onde há rios ou lagos em regiões das Américas Central e do Sul. A capivara é o maior roedor do mundo. Atinge 1,30 metro de comprimento e, em média, 60 quilos quando adulta.

Os jacarés vivem em várias regiões de rios do Brasil. Algumas espécies atingem 3 metros de comprimento e podem pesar até 300 quilos.

Vários animais podem ter o mesmo hábitat, como o exemplo das capivaras e dos jacarés. Esses animais têm dificuldades para sobreviver de maneira natural fora desses lugares.

A fauna das regiões geladas da Antártida, que fica próxima do Polo Sul, inclui os pinguins.

A fauna das regiões árticas, próximas do Polo Norte, inclui o urso-polar.

Os pinguins vivem na Antártida e se alimentam de peixes. Algumas espécies podem chegar até 1,2 metro de altura.

O urso-polar vive no círculo polar Ártico e mede cerca de 2 metros de comprimento e 90 centímetros de altura.

A onça-pintada e o tucano são habitantes das florestas da América do Sul. A onça-pintada mede cerca de 1 metro de altura por 1,8 metro de comprimento sem a cauda. O tucano, por sua vez, mede cerca de 65 centímetros com o bico, que chega a 20 centímetros.

A onça-pintada habita a América do Sul e mede cerca de 1,8 metro de altura.

O tucano vive nas florestas tropicais da América do Sul e mede 65 centímetros.

Quando um animal vive apenas em determinada região, dizemos que ele é nativo dessa região. A onça-pintada, por exemplo, é nativa da América do Sul. O lugar onde o animal vive é o seu hábitat. Nele o animal se reproduz, encontra alimento e abrigo e relaciona-se com outros animais.

O hábitat do veado-campeiro, por exemplo, localiza-se em regiões de vegetação baixa e campos da América do Sul. Esse hábitat é bem diferente dos galhos das árvores da Mata Atlântica onde vivem macacos.

Cada hábitat apresenta características próprias que determinam as atividades do ser vivo naquele local.

O veado-campeiro e o macaco-prego vivem em diferentes hábitats. O veado-campeiro pode crescer até 1,20 m de comprimento e pesar até 40 quilos. O macaco-prego atinge até 40 cm de comprimento e 3,5 quilos de peso em média.

O ser humano

O ser humano é um animal que se comunica por meio da fala, tem capacidade para analisar seus atos, planejar suas atividades e colocá-las em prática.

É um ser social, isto é, convive com outros seres humanos, tem noção de tempo e espaço, possui hábitos, costumes e crenças.

Também possui a capacidade de transformar vários ambientes, usando o que sabe e aprende. Por isso, consegue sobreviver em quase todos os ambientes na Terra. Por exemplo, no Polo Norte os inuítes constroem suas moradias, chamadas iglu, no gelo, como na imagem à direita a seguir.

Os animais precisam de gás oxigênio para viver

O gás oxigênio é obtido pela respiração, especificamente pela inspiração do ar nos animais que têm **pulmões**. Outros animais retiram gás oxigênio da água por meio de **brânquias**.

O ser humano, as aves, o cavalo, o cachorro, a tartaruga e muitos outros animais absorvem o gás oxigênio pelos pulmões. O sapo, a rã e a perereca absorvem o gás oxigênio pelos pulmões e também pela pele. A maioria dos peixes absorve o gás oxigênio dissolvido na água pelas brânquias.

A minhoca respira pela superfície do corpo.

O peixe retira, por meio das brânquias, o gás oxigênio misturado na água.

A perereca absorve o gás oxigênio do ar pela pele e pelos pulmões.

A tartaruga, embora viva a maior parte do tempo submersa na água, sobe até a superfície para retirar o gás oxigênio do ar, que é absorvido pelos pulmões.

O ser humano inspira ar para os pulmões, que absorvem o gás oxigênio.

Os animais dependem da água para viver

A água é muito importante para os animais.

Os animais **terrestres** obtêm água por meio da alimentação, mas também precisam bebê-la para repor a água que perdem constantemente pela urina ou pela transpiração.

A água é necessária para as transformações químicas e para o transporte de substâncias que existem no corpo.

Muitos animais vivem nas águas de oceanos, rios e lagos. São conhecidos como **aquáticos**, como peixes, camarões, lagostas, baleias e vários outros.

Os anfíbios são exemplos de animais que vivem na água quando filhotes. Quando adultos, podem viver na terra, mas sempre em lugares úmidos.

O elefante bebe água para viver. Mede entre 2,5 e 4,0 metros de comprimento com a cauda. Chega a pesar 7 000 quilos.

O peixe cavalo-marinho vive na água do mar. Chega a medir 13 cm quando adulto.

Pegada hídrica

Todos os seres vivos dependem da água. Além do consumo individual para o corpo, o ser humano utiliza a água em muitas atividades, desde a produção de alimentos e produtos até na prestação de serviços. Já pensou nisso?
Pelo risco de escassez de água doce no mundo, os cientistas criaram um conceito para medir o quanto de água é necessário nas atividades humanas. É a chamada pegada hídrica. Veja no gráfico a pegada hídrica para a produção de bens e serviços para atender às necessidades humanas.

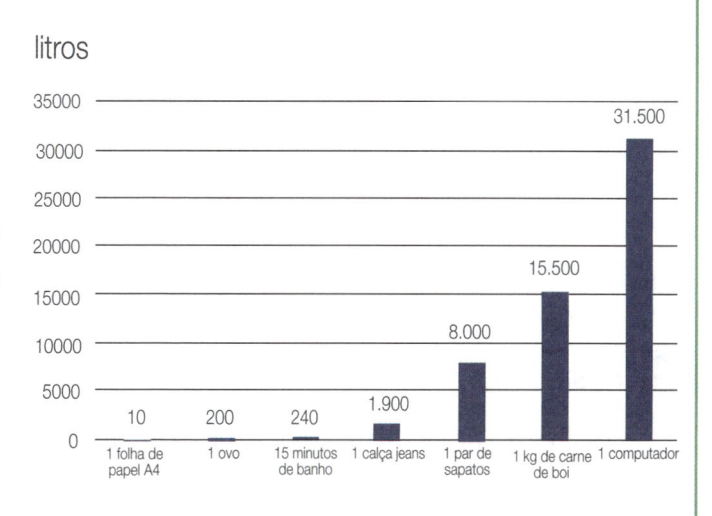

litros

	litros
1 folha de papel A4	10
1 ovo	200
15 minutos de banho	240
1 calça jeans	1.900
1 par de sapatos	8.000
1 kg de carne de boi	15.500
1 computador	31.500

ATIVIDADES

1 Que nome se dá ao lugar onde o animal vive?

_____

2 Por que o ser humano consegue sobreviver em quase todos os ambientes?

_____

3 Faça uma pesquisa e escreva o hábitat dos seguintes animais:

ANIMAL	HÁBITAT
Tamanduá-bandeira	
Mico-leão-dourado	
Peixe-boi	
Leão	
Girafa	
Chimpanzé	
Pinguim	

4 Responda.

a) Por que os animais precisam de água para viver?

_____

_____

b) O que são animais aquáticos?

_____

5 Veja a imagem e responda às questões a seguir.

a) Por que o mergulhador precisa de equipamento para ficar debaixo d'água?

_____

_____

b) No caso do peixe arraia, como ele respira?

_____

6 Escreva ao lado dos nomes dos animais abaixo a sua forma de respiração e o ambiente no qual vivem.

a) Tubarão: _____.

b) Cachorro: _____.

c) Sapo: _____.

d) Tartaruga: _____.

e) Sardinha: _____.

7 A Mata Atlântica é o hábitat de muitos animais. Pesquise o nome de alguns animais que vivem na Mata Atlântica. Anote-os a seguir.

_____

_____

8 Encontre no diagrama as seguintes palavras.

capacidade   costumes   crenças   espaço   hábitos   social   tempo

C	A	P	A	C	I	D	A	D	E	N	T	O	U	A
S	A	D	F	G	H	I	J	Z	N	B	V	A	X	R
A	C	Ç	L	Z	C	R	E	N	Ç	A	S	S	F	G
J	O	Q	J	D	S	A	A	D	G	J	M	M	N	E
X	S	Z	D	T	Y	M	L	P	Ç	Q	A	Z	X	S
X	T	C	D	E	R	F	V	B	G	T	Y	H	N	P
E	U	U	I	K	L	O	P	Q	W	E	R	T	Y	A
Q	M	R	E	R	T	S	O	C	I	A	L	U	V	Ç
A	E	A	S	D	F	G	G	H	H	J	J	K	K	O
S	S	W	C	V	B	N	M	P	O	I	U	Y	T	R
T	R	H	Á	B	I	T	O	S	I	U	V	X	P	J
E	D	R	I	T	U	M	A	R	I	J	U	N	I	R
M	R	O	N	L	I	X	A	E	Z	T	I	N	Q	Q
P	O	T	E	M	A	C	O	S	T	P	A	D	E	O
O	X	M	A	T	O	D	R	P	J	N	G	R	I	M

Agora, complete as frases com as palavras adequadas.

a) O ser humano tem _____ para analisar seus atos.

b) O ser humano é um ser _____, tem noção de _____

e _____.

c) O ser humano possui _____, _____ e

_____ próprios.

Como os animais se locomovem

Os animais usam diferentes formas para ir de um lugar a outro, seja em busca de alimento, de abrigo ou para fugir de outros animais: eles podem andar, voar, rastejar, nadar, pular ou correr.

As aves possuem asas, mas nem todas voam. A ema é a maior ave do mundo e não voa, mas é o pássaro mais veloz das Américas. O pinguim também não voa, mas anda e nada a grandes profundidades.

A maioria das aves que conhecemos pode voar, como o beija-flor, o bem-te-vi, o canário.

O avestruz é uma ave que não voa; entretanto, ele se locomove andando e pode correr com muita velocidade.

O tuiuiú é uma ave que pode andar e voar.

Em sua maioria, os mamíferos podem andar e correr, mas muitos nadam, como a foca e a baleia. O morcego é o único mamífero que voa.

O puma anda, salta e corre. Por ser um caçador, ele tem muita agilidade e velocidade.

O golfinho é um mamífero que vive no mar. Ele possui nadadeiras que o ajudam a nadar.

Qual é o animal mais rápido do mundo?
No ar, o mais rápido é o andorinhão-indiano, que chega a voar 140 quilômetros por hora.
Em terra, ninguém vence o guepardo, originário da África e da Ásia. Sua velocidade atinge 110 quilômetros por hora. Mas ele só consegue mantê-la por pouco tempo.
Na água é o peixe-espada. Ele consegue nadar a mais de 70 quilômetros por hora.

Há répteis de pernas curtas que andam e nadam, como o jacaré e a tartaruga. As cobras são répteis sem pernas que rastejam. Algumas cobras podem nadar.

A tartaruga anda bem devagar na areia da praia, mas na água nada rápido e muito bem.

A cobra rasteja, sobe em árvores e pode nadar.

Os peixes têm nadadeiras e com elas podem se mover para a frente, para trás e para os lados. Existem diferentes tipos de nadadeira.

A arraia é um peixe que tem nadadeiras bem grandes coladas ao corpo.

Muitos peixes têm as nadadeiras bem separadas: ao lado do corpo, em cima e na cauda.

Os anfíbios adultos vivem na terra e na água. Alguns pulam, como os sapos e as rãs. Quando filhotes, são chamados girinos, têm forma de larva e se deslocam na água.

Girinos.

Sapo adulto.

ATIVIDADES

1 Relacione o animal ao modo como ele se locomove.

1 rasteja **2** anda **3** nada **4** salta **5** pula **6** voa

2 Você convive com algum animal? Se não convive, tem preferência por algum? Escreva que animal é esse e dê algumas características que você estudou que se relacionem a ele.

a) Animal: _____

b) Vertebrado ou invertebrado? _____

c) Como ele se locomove? _____

85

Como os animais se alimentam

Todos os animais precisam de alimento para obter a energia necessária para viver. Há alguns que se alimentam de vegetais; há os que se alimentam de outros animais; e há, ainda, os que se alimentam tanto de vegetais quanto de outros animais.

O cavalo, a girafa, o carneiro, o boi e o elefante, por exemplo, alimentam-se de vegetais. São chamados de **herbívoros**. A onça, o leão, o lobo, o tigre e o gato, por exemplo, alimentam-se de outros animais. São chamados de **carnívoros**. O ser humano, a galinha, o porco, o urso, a barata e outros animais alimentam-se tanto de vegetais quanto de outros animais. São chamados **onívoros**.

O comportamento dos animais na alimentação

Os animais buscam alimento no ambiente em que vivem. Alguns deles saem à procura de alimentos durante o dia. Outros preferem se alimentar no período noturno, para evitar o ataque de seus inimigos.

Uma ave que se alimenta de peixes tem hábitos diurnos para enxergar a presa. Ela vive próxima da água, onde está seu alimento.

Certas corujas alimentam-se de pequenos animais, como ratos, preás, lagartos e cobras, que têm hábitos noturnos. Elas saem à noite para caçar e enxergam bem com pouca luz.

Elefante se alimentando de arbusto.

Urso capturando peixe.

Leopardo alimentando-se de carne animal.

Tuiuiú se alimentando de peixe no Pantanal.

A onça-pintada alimenta-se de animais silvestres como capivaras, veados, tatus e jacarés. Como muitos felinos, ela tem excelente visão noturna e costuma caçar à noite.

A coruja tem hábitos noturnos.

Onça-pintada ao anoitecer no Pantanal.

ATIVIDADES

1 Defina o que são os animais a seguir.

a) Carnívoros: _____

b) Herbívoros: _____

c) Onívoros: _____

2 Preencha a tabela indicando como é o animal em relação ao tipo de alimento que come e se tem hábito diurno ou noturno.

ANIMAL	ALIMENTAÇÃO	HÁBITO
Garça-azul		
Leopardo		
Coruja		
Elefante		
Onça-pintada		
Urso		

87

EU GOSTO DE APRENDER

Leia os itens que você estudou nesta lição.
- O lugar onde o animal vive, se reproduz e encontra alimento e abrigo é o seu hábitat.
- O ser humano é um ser social que tem a capacidade de transformar vários ambientes conforme a necessidade.
- O gás oxigênio é essencial para a sobrevivência dos animais. Ele é obtido pela inspiração do ar nos animais que têm pulmões e pelas brânquias em animais aquáticos. Alguns animais respiram pela superfície do corpo.
- A água é muito importante para os animais, pois é necessária para as transformações químicas e transporte de substâncias no corpo.

ATIVIDADE

- Escolha um animal que vive no mar, no rio ou em floresta e descreva o hábitat dele conforme o roteiro.

Nome do animal: _____

Tipo de ambiente em que vive: _____
_____

Características desse ambiente: _____
_____

Tipo de alimento que consome: _____
_____

EU GOSTO DE APRENDER MAIS

Vida em sociedade

Você já reparou que formigas, vespas e abelhas, por exemplo, nunca estão sozinhas. Elas sempre estão acompanhadas de várias outras formigas, vespas ou abelhas porque vivem em conjunto, em sociedade. Vamos ver como é esse tipo de organização com o exemplo das abelhas.

As abelhas formam as colmeias, onde vivem três castas: rainha, operárias e os zangões, que são os machos.

As operárias têm várias funções:
- Coleta de materiais para elaboração do mel – o pólen e o néctar, elementos que constituem o mel, são coletados pelas operárias numa atividade diária chamada de pastoreio.
- Produção de mel, produzido da mistura de néctar, pólen e saliva. O material é misturado na boca das operárias e depositado nos alvéolos da colmeia.
- Produção da geleia real, que é o alimento da rainha.
- Defesa da colmeia.

A rainha é escolhida ainda na fase de larva, quando uma delas será alimentada apenas com geleia real. A função da rainha é produzir os ovos que vão originar as novas abelhas.

Os zangões são os machos e têm a função de acasalar-se com a rainha.

Além desse incrível processo de organização, as abelhas surpreendem pela forma de comunicação para informar às colegas onde está o alimento.

Se uma abelha encontra uma área rica em pólen ou néctar a menos de 100 metros da colmeia, ela fará uma dança circular para avisar às colegas, que, pelo cheiro do pólen, por exemplo, saberão que direção seguir. Se a área de coleta do néctar ou pólen estiver a mais de 100 metros, a abelha fará vibrações com seu corpo, verdadeiras requebradas. Quanto mais requebradas, mais longe está o local de alimentação. Incrível, não?

ATIVIDADE

- Você acredita que a forma de vida em sociedade de alguns insetos traz vantagens para eles? Por quê?

LIÇÃO 6
O CICLO DE VIDA DOS ANIMAIS

Veja algumas fases do ciclo de vida da tartaruga marinha.

Tartaruga fazendo ninho e desovando na praia.

Ovos de tartaruga no ninho e o nascimento dos filhotes.

Tartarugas recém-nascidas indo em direção ao mar e tartaruga jovem no oceano.

As tartarugas marinhas desovam na praia. Lá, põem seus ovos em ninhos que recebem o calor do sol. Os filhotes nascem entre 45 e 60 dias e logo se dirigem para o mar, onde crescem até a fase adulta, quando já podem se reproduzir e iniciar um novo ciclo. Algumas tartarugas só atingem a idade adulta aos 20-30 anos e podem viver mais de 100 anos.

Assim como as tartarugas, todos os seres vivos têm um ciclo de vida, que começa ao nascer e termina quando morrem, inclusive o ser humano.

Observe as imagens a seguir.

Pelas imagens, você nota que o bebê é a primeira fase do ciclo de vida. Conforme os anos passam, a pessoa vai se desenvolvendo e crescendo, passando pela infância, juventude, vida adulta e depois a velhice. Durante esse processo várias mudanças ocorrem no corpo. Quando nascemos, não conseguimos andar nem falar; depois vamos adquirindo autonomia e conseguimos nos alimentar sozinhos e o nosso corpo cresce acompanhando essas mudanças. Na fase adulta, porém, o corpo adquire as características que teremos até o fim da vida.

Muitos animais ao nascerem já indicam a forma que terão na fase adulta, como as tartarugas que você viu no começo da lição, os cachorros, os gatos, os jacarés, os elefantes e muitos outros.

Filhotes de jacaré.

Filhote de elefante acompanha a mãe.

Outros animais, no entanto, mudam conforme a fase de vida em que estão. É o caso de muitos insetos e dos sapos. Esse processo de mudança se chama metamorfose.

A metamorfose

Um dos insetos que mais nos encantam por sua beleza e capacidade de transformação é a borboleta. É um inseto delicado que, na fase adulta, pode viver desde algumas horas até alguns dias, semanas ou meses.

A borboleta, porém, não nasce como a conhecemos. Dos ovos nascem lagartas, que passam por uma metamorfose e atingem a forma adulta. Veja abaixo as transformações pelas quais a borboleta passa até chegar à fase adulta, quando a admiramos pelo seu voo.

Ovos de borboleta (1). Após alguns dias, dos ovos nascem as lagartas, que se alimentam o tempo todo (2). As larvas crescem bastante, sofrem várias mudanças e tecem um casulo, chamado de crisálida. Ela permanece dentro dele por cerca de três semanas (3). Ao final da metamorfose, a borboleta adulta sai da crisálida (4).

Outro grupo de animais que têm um processo de metamorfose é o dos anfíbios, como o sapo. Depois do acasalamento entre macho e fêmea, ela põe os ovos na água. Os ovos eclodem, dando origem aos girinos, que não têm pernas, mas uma cauda que os ajuda a nadar. Nessa fase, eles vivem dentro da água, respirando por brânquias, como os peixes.

Esquema do processo de metamorfose do sapo

- fêmea do sapo adulta
- ovos fecundados
- desenvolvimento dos girinos
- fases do crescimento do girino
- última fase antes da metamorfose completa

Conforme se desenvolvem, surgem os pulmões e as quatro pernas, desaparecendo a cauda. Nesse momento do ciclo de vida, o sapo passa a viver na terra, mas ainda precisa de bastante umidade para sobreviver.

O comportamento dos animais na reprodução

A **reprodução** garante a formação de filhotes. A maior parte dos animais se reproduz por meio da união de um macho e uma fêmea da mesma espécie.

Há vários tipos de comportamento dos animais que se reproduzem por ovos; eles são chamados ovíparos.

Os ovos dos sapos não têm casca dura e só podem se desenvolver na água.

As aves põem ovos de casca dura. Os **embriões** precisam de calor para se desenvolver. Esse calor vem do corpo da mãe enquanto ela **choca** os ovos no **ninho**. Algumas aves fazem ninhos em locais de difícil acesso. Outras escondem seus ninhos em buracos no chão.

Em algumas espécies, os filhotes saem dos ovos já prontos para andar e comer, como os pintinhos. Em outras espécies, os filhotes nascem sem penas, não voam e são alimentados pelos pais até poderem voar.

Muitas espécies de animais se reproduzem em determinada época do ano.

Durante a época reprodutiva, ocorrem disputas entre os machos, na tentativa de conquistar fêmeas e território para alimentação.

O sapo se reproduz na água.

Os pássaros alimentam os filhotes até que eles comecem a voar.

Os machos do veado têm galhadas que são usadas para disputar as fêmeas.

Alguns animais entram em confronto com seus semelhantes simplesmente para demonstrar sua força ao oponente ou para proteger seus filhotes.

ATIVIDADES

1 Quais são as etapas do ciclo de vida dos seres humanos?

_____

2 Como é chamado o processo pelo qual passam a borboleta e o sapo durante seu ciclo de vida?

_____

3 Ordene as fases do ciclo de vida da borboleta.

☐ Pupa

☐ Ovo

☐ Borboleta

☐ Largata

4 Qual é a importância da reprodução para a vida animal?

_____

5 Nas regiões de estações secas e úmidas bem definidas, quando os sapos se reproduzem?

_____

6 Quando ocorrem disputas entre machos da mesma espécie?

_____

EU GOSTO DE APRENDER

Nesta lição você estudou:
- todos os seres vivos têm um ciclo de vida formado por fases;
- alguns seres vivos nascem com a forma próxima da que terão quando adultos;
- alguns seres vivos passam por metamorfose;
- a reprodução garante a continuação da espécie;
- os seres vivos apresentam comportamentos específicos para a reprodução.

ATIVIDADE

- Recorte figuras de animais conforme seu processo de reprodução.

Ovíparos

Vivíparos

EU GOSTO DE APRENDER MAIS

Uma ameaça aos animais

Abelha-uruçu, águia-cinzenta, anta, arara-azul-grande, ararinha-azul, baleia-azul, preguiça-de-coleira, cágado-de-hogei, gato-maracajá, gavião-real, jacaré-açu, leão-marinho, lobo-guará, lontra, mico-leão-dourado, onça-pintada, peixe-boi-marinho... O que todos esses bichos têm em comum? Eles estão ameaçados de extinção.

Muitas vezes, o ser humano prejudica o meio ambiente, realizando, por exemplo, a derrubada e a queimada das matas, a poluição dos rios e do ar. Essas atitudes destroem o ambiente dos animais silvestres.

Muitas vezes também prejudica a fauna, caçando animais ou retirando-os de seu hábitat natural – alguns são usados na alimentação, outros são vendidos para serem criados em cativeiro e muitos deles morrem por maus-tratos.

Todas essas práticas são ilegais e afetam diretamente a vida dos animais silvestres, podendo ameaçar a existência de muitas espécies, tornando-as extintas.

ATIVIDADE COMPLEMENTAR

1 O que você sabe sobre animais ameaçados de extinção?
Pesquise sobre o assunto e liste alguns animais que estão em risco de extinção na fauna brasileira. Liste-os a seguir.

_____
_____
_____
_____
_____
_____

LIÇÃO 7 — O SOM

Observe a imagem a seguir.

Você já deve ter visto esta imagem ou algo semelhante a ela nos áudios gravados nos aplicativos de mensagens. Ela representa uma gravação de áudio.

Esses risquinhos que saem do microfone servem para representar as ondas sonoras, porque o som é uma vibração e ela se manifesta por meio de ondas.

Todos os tipos de som são produzidos por vibrações, seja ele a sua voz, o som de um instrumento musical ou de uma panela que caiu no chão.

O som depende de dois fatores: uma fonte de vibração, para dar origem às ondas sonoras, e um meio para a propagação das ondas sonoras. Esse meio pode ser o ar, a água ou os sólidos.

Som sem harmonia.

Existem sons que não têm harmonia. Nesse caso, as ondas sonoras não são organizadas. Outros sons têm harmonia. Nesse caso, as ondas sonoras são organizadas. Veja as duas imagens ao lado. Qual delas tem um som harmônico?

Som com harmonia.

Os instrumentos musicais

Os instrumentos musicais são aparelhos inventados para produzir sons que formam a música.

Eles são classificados pela forma como dão origem ao som.

Nos instrumentos de sopro, a pessoa sopra em um tubo, fazendo vibrar o ar. A corneta, o trombone, a flauta e o saxofone são instrumentos de sopro.

Nos instrumentos de cordas, o som é produzido pela vibração de cordas. O violão, o violino, o berimbau e o piano são instrumentos de cordas.

Nos instrumentos de percussão, o som é produzido pelas vibrações de uma membrana, como no tambor, ou pelas vibrações causadas pelo impacto de dois corpos, como no chocalho.

Instrumentos eletrônicos são aqueles em que o som é produzido por vibrações geradas eletricamente. O sintetizador e o piano elétrico são exemplos de instrumentos eletrônicos.

A voz humana

A voz humana é produzida por vibrações de membranas elásticas (pregas vocais), localizadas na laringe. Elas vibram durante a passagem do ar que sai dos pulmões.

A língua, a cavidade bucal e a musculatura do tórax podem ser movidas para modificar a voz. As cavidades da face, o nariz e o tórax ampliam a voz, como se fossem caixas de ressonância. Você já reparou como nossa voz muda quando estamos gripados ou quando falamos com o nariz tapado?

A fala é a voz modificada por movimentos dos lábios e da língua.

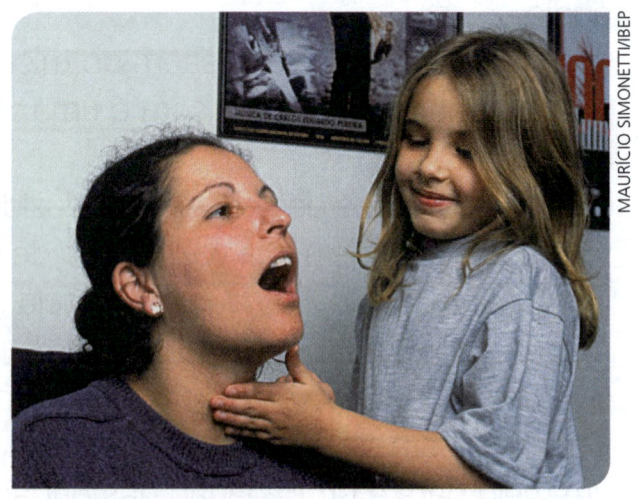

A voz humana é produzida por vibrações das pregas ou cordas vocais.

Os sons dos animais

Muitos animais produzem sons.

As aves produzem sons por meio da vibração de um grupo de membranas localizado na base da traqueia. As aves canoras utilizam seu canto para atrair as fêmeas, ameaçar rivais e outras aves que invadam seu território e dar alarme contra predadores etc.

Sapo coaxando.

Os sapos, as rãs e as pererecas produzem seu coaxar na laringe. Muitos ampliam o som do coaxar por meio de grandes bolsas ou sacos que formam utilizando a fina parede do "papo".

Os grilos produzem seu cricrilar raspando as partes duras de suas asas umas contra as outras, como num reco-reco. Esses sons são utilizados para atrair parceiras. Pernilongos produzem som pela vibração intensa de suas asas durante o voo.

Por que os papagaios conseguem falar igual os humanos?

Os papagaios estão entre os poucos animais que conseguem imitar, de forma espontânea, seres de outras espécies.

Pássaros que conseguem cantar, incluindo os papagaios, possuem em seus cérebros centros capazes de apoiar a vocalização. Mas [...] nos papagaios há uma área ao redor desse centro, chamada de concha. O aprendizado vocal exclusivo dos papagaios, como a imitação, acontece na região da concha.

[...]

Essa região do cérebro consegue controlar um órgão chamado siringe, equivalente às cordas vocais humanas. Aí, os papagaios são capazes de emitir sons articulados, reproduzindo palavras que ouvem. [...]

Na natureza, eles [papagaios] usam o canto para se comunicar. Já quando estão em contato com o ser humano, compensam a falta de comunicação reproduzindo palavras repetidas pelas pessoas. Os papagaios não formam frases para se comunicar, mas eles repetem o que aprenderam para conseguir comida ou carinho, por exemplo.

Leticia Yazbek. Por que os papagaios conseguem falar igual os humanos. *Recreio*. Disponível em: https://recreio.UOL.com.br/noticias/zoo/como-os-papagaios-conseguem-falar.phtml. Acesso em: 30 jun. 2022.

Audição

As orelhas e o nosso cérebro possibilitam a audição.

Ouvimos vários sons ao mesmo tempo e prestamos mais atenção naqueles que nos interessam em determinado momento.

Nossa audição separa os sons e determina com exatidão de onde eles estão vindo.

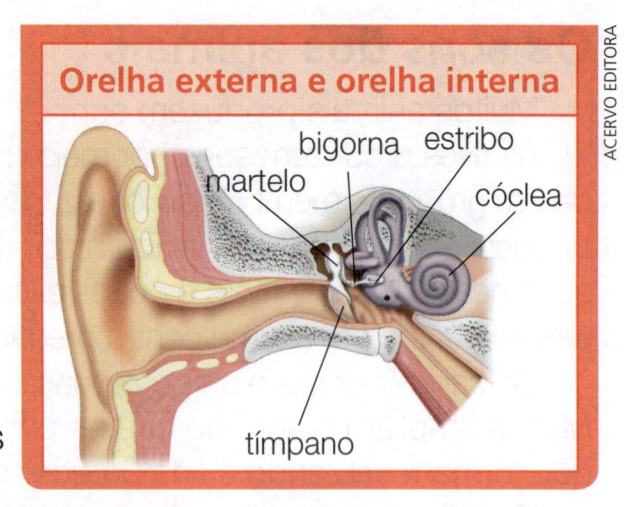

Orelha externa e orelha interna

Observe como é nossa orelha por fora e por dentro.

O som são ondas que, captadas pela orelha externa, entram no duto auditivo e fazem vibrar o tímpano, o qual, por sua vez, faz três ossinhos vibrarem: o martelo, a bigorna e o estribo. O estribo estimula o nervo auditivo, que leva os impulsos até o cérebro, e este, por sua vez, os interpreta.

Por isso, quando você escuta apenas o começo de uma música, pode se lembrar do restante dela, pois o estímulo sonoro, ao chegar ao cérebro, também ativa a memória.

A cóclea e os canais semicirculares são órgãos do equilíbrio e não têm relação com a audição.

A audição pode ser afetada pela poluição sonora. Diariamente convivemos com muitos sons, seja de pessoas falando, de equipamentos eletrônicos ou do trânsito. A intensidade desses sons é que define a poluição sonora.

Para a Organização Mundial da Saúde, sons acima de 50 db, que significa decibeis (a unidade de medida do som), já são prejudiciais à saúde. Uma conversa normal entre pessoas já tem esse nível de som. O trânsito na rua fica na faixa de 70 db; se for por motocicleta, 80 db. Por isso, a grande concentração de veículos nas cidades agrava a poluição sonora. O ruído acima do tolerável pode causar do mau humor até distúrbios mais sérios de saúde. Por isso, precisamos evitar conviver com sons altos ao nosso redor. Nas grandes cidades, a opção pelo uso de bicicletas e a redução de velocidade dos veículos são medidas que têm o objetivo de diminuir a poluição sonora.

Sensação de zumbido na orelha ou de ouvido abafado são sinais que podem indicar problemas na audição. O otorrinolaringologista é o médico especialista para tratar da saúde auditiva e ele deve ser consultado ao se perceberem esses sinais.

ATIVIDADES

1 Teste seus conhecimentos.

a) O que produz os sons?
_____

b) De que fatores depende o som?
_____
_____

c) Como é produzida a voz humana?
_____
_____

2 Assinale com um **X** as afirmativas corretas.

☐ A passagem do ar faz vibrar as cordas vocais.

☐ A voz humana é produzida pela contração das cordas vocais.

☐ As cordas vocais são capazes de produzir sons complexos e harmoniosos sem a participação de outras partes do corpo.

☐ A vibração das cordas vocais durante a passagem do ar que sai dos pulmões produz a voz humana.

3 Como podemos classificar os instrumentos musicais em que:

a) o ar é soprado por um tubo?
_____

b) o som é produzido por vibrações geradas por eletricidade?
_____

c) o som é produzido pelo impacto de dois corpos?
_____

d) o som é produzido pela vibração de cordas?
_____

4 Qual é a diferença entre som com harmonia e som sem harmonia?

_____

_____

5 Veja as fotos e responda: de que maneira esses animais produzem os sons?

_____

_____

_____

_____

_____

_____

_____

_____

_____

_____

AS FOTOS DESTA PÁGINA ESTÃO FORA DE ESCALA DE TAMANHO ENTRE SI.

6 Quais são os órgãos da audição?

_____

_____

7 Você consegue reconhecer músicas apenas pelo começo dos sons dela? Explique como isso ocorre?

_____

_____

8 Observe as imagens e numere, em ordem crescente, situações onde o som você considera que incomoda:

☐   ☐   ☐

☐   ☐   ☐

9 Você já ficou incomodado com um barulho? Se sim, qual foi sua atitude?

_____

_____

10 Na sua opinião, o que mais pode prejudicar a audição?

_____

_____

EU GOSTO DE APRENDER

Relembre o que você estudou nesta lição.
- Todos os tipos de som são produzidos por vibrações.
- O som depende de uma fonte de vibração para dar origem às ondas sonoras e de um meio para a propagação dessas ondas.
- Percebemos o som graças à orelha, que recebe as vibrações do meio e as envia para o cérebro, que interpreta e armazena as sensações sonoras.
- Os instrumentos musicais são aparelhos que produzem sons.
- A voz humana é produzida por vibrações das cordas vocais localizadas na laringe. Elas vibram com a passagem do ar que sai dos pulmões.
- Muitos animais produzem sons com diferentes finalidades: para atrair fêmeas, ameaçar rivais e dar alarme para predadores, por exemplo.
- A poluição sonora afeta a saúde das pessoas.

ATIVIDADE

- Todos os animais produzem som a partir das cordas vocais? Explique sua resposta no caderno.

LEIA MAIS

Som

Emmanuel Bernhard. Ilustrações de Peter Allen. São Paulo: Companhia Editora Nacional, 2012.

Vivemos rodeados de sons. Mas como os sons se formam? Os golfinhos escutam dentro da água? Como funciona uma guitarra? Realize as experiências propostas com a Paula e o André e esse curioso fenômeno não terá mais segredos para você.

LIÇÃO 8 — A LUZ E OS MATERIAIS

Observe a imagem ao lado.

Como você estudou na lição 1 deste livro, o Sol é a principal fonte de luz do nosso planeta. Por ser uma estrela, o Sol gera em seu interior a luz que emite.

O Sol é a fonte de luz primária, pois consegue emitir luz própria.

A principal fonte de luz do nosso planeta é o Sol. Por ser uma estrela, o Sol gera em seu interior a luz que emite.

As velas, as lâmpadas e as lanternas também são capazes de gerar luz: as velas, por meio da queima do pavio; as lâmpadas, pelo uso da energia elétrica gerada nas usinas hidrelétricas, por exemplo; as lanternas, pelo uso de pilha ou bateria, que funcionam por meio da energia química.

A vela emite luz pela queima do pavio.

A lâmpada gera luz por meio da energia elétrica.

Já aquilo que não gera luz pode refletir ("devolver") a luz que recebe dos corpos luminosos. A Lua, a Terra e os outros planetas do Sistema Solar, por exemplo, refletem a luz do Sol. A água, nosso corpo, as árvores, os prédios e os veículos refletem parte da luz que recebem; tudo o que vemos emite luz ou reflete parte da luz que recebe dos corpos que emitem.

A passagem de luz pelos materiais

Quando a luz passa diretamente por certos materiais, podemos enxergar através deles. Os materiais que permitem a passagem da luz são chamados **transparentes**. O vidro liso, a água limpa e muitos outros materiais são transparentes. A luz passa através deles, bate no objeto, passa novamente através deles e entra em nossos olhos.

Certos materiais deixam apenas uma parte da luz passar. Esses materiais são chamados **translúcidos**. O vidro fosco, a água turva e muitos outros materiais são translúcidos.

Os materiais **opacos** não permitem a passagem da luz. O ferro, a madeira e muitos outros materiais são opacos. A luz bate neles e volta, entrando em nossos olhos.

Copo de vidro.

Janela com vidro fosco.

Porta de madeira.

Sombra

Quando um material opaco é colocado no caminho da luz, forma-se uma região escura, que é chamada de sombra.

- Os materiais transparentes quase não produzem sombras, pois deixam passar quase toda a luz.
- Os materiais translúcidos produzem sombras suaves, pois deixam passar a maior parte da luz.
- Os materiais opacos produzem sombras fortes, pois não deixam passar a luz.

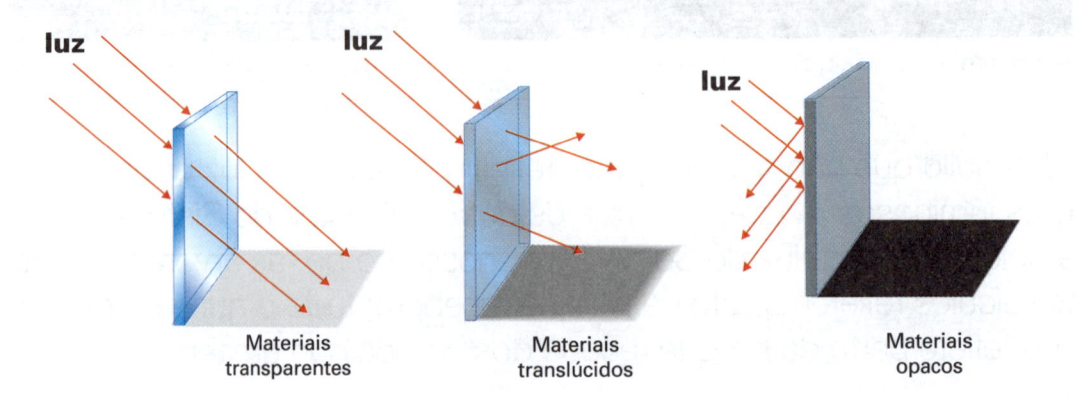

Materiais transparentes

Materiais translúcidos

Materiais opacos

A visão

Os olhos e o cérebro possibilitam ver o que nos rodeia.
Observe, na foto abaixo, o que vemos na parte externa do olho humano.

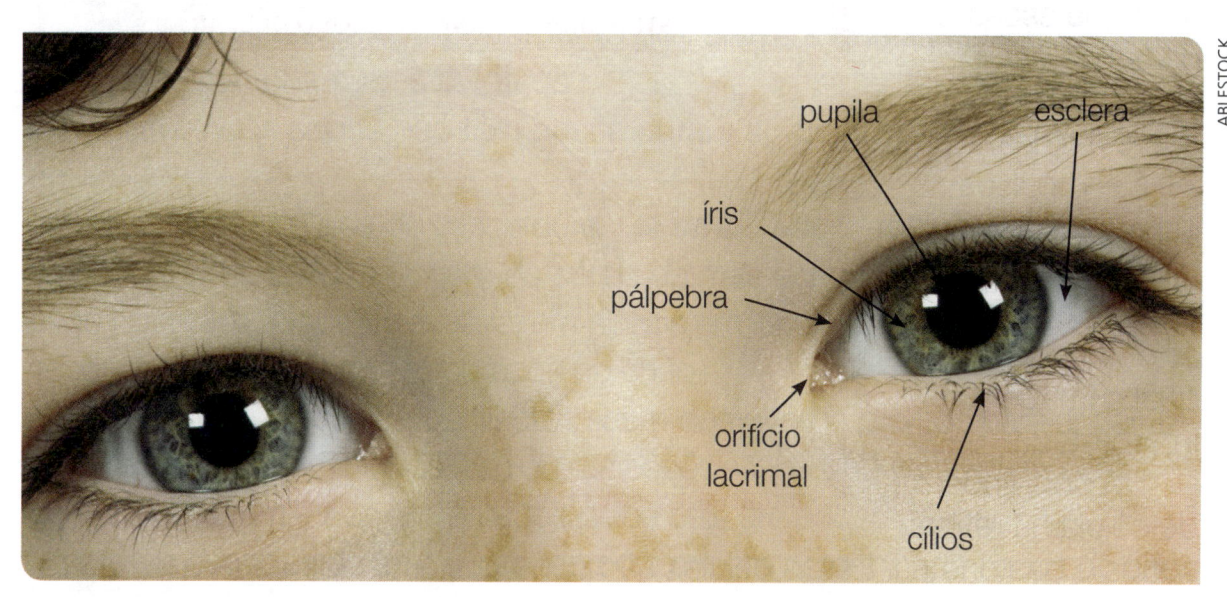

Os olhos são órgãos da visão.

Íris: parte colorida do olho.
Pupila: orifício localizado no centro da íris e pelo qual entra a luz.
Esclera ou **branco do olho**: reveste a parte externa do olho.
Córnea: parte transparente da esclera, situada sobre a pupila e a íris.
Orifício lacrimal: localizado no canto interno do olho, é a abertura da glândula que produz as lágrimas que lubrificam o olho.
Pálpebras e **cílios**: protegem os olhos da poeira e da luz excessiva.
Observe a ilustração da página seguinte. Ela mostra a parte interna do olho humano como se ele fosse visto de lado e cortado ao meio.
Pupila: orifício que aumenta de diâmetro quando há pouca luz no ambiente e diminui quando há muita luz.
Câmara anterior: contém líquido aquoso.
Lente: muda de espessura conforme os músculos que a prendem contraem e relaxam.
Câmara posterior: contém líquido aquoso.
Retina: recebe os impulsos luminosos.
Nervo óptico: transmite impulsos até o cérebro.

O processo da visão

Os raios luminosos que saem de um objeto atravessam a córnea, passam pela lente e formam a imagem do objeto sobre a retina, localizada no fundo do olho. A lente muda de espessura para focalizar a imagem do objeto sobre a retina.

Os impulsos luminosos estimulam o nervo óptico, que transmite estímulos até o cérebro, no qual a imagem é interpretada.

Há dois tipos de célula na retina: cones e bastonetes. Essas células são sensíveis à luz. Os cones permitem ver as cores, e os bastonetes nos permitem ver com pouca luz.

ESTRUTURA INTERNA DO GLOBO OCULAR

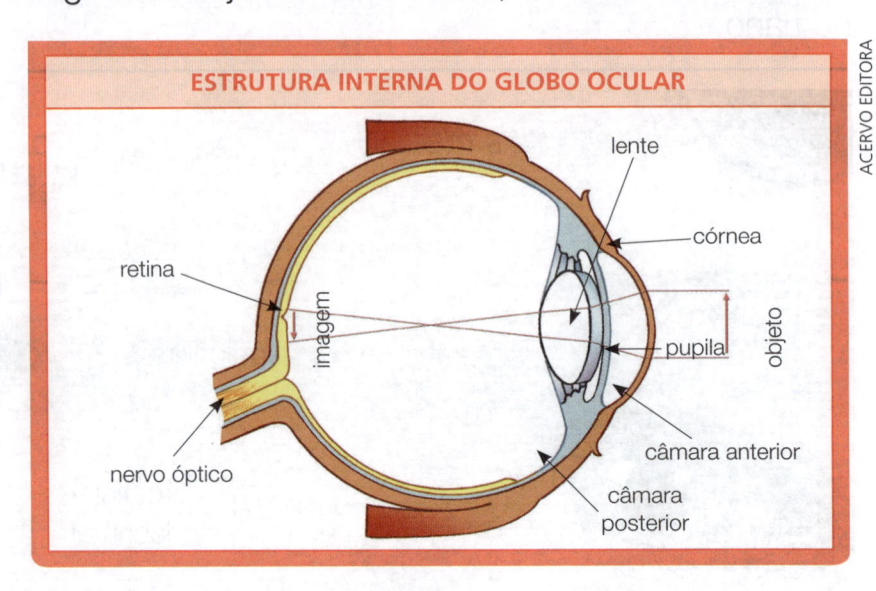

(lente, córnea, pupila, objeto, câmara anterior, câmara posterior, nervo óptico, retina, imagem)

ACERVO EDITORA

A visão nos seres humanos e em outros animais

O ser humano tem visão das cores. Veja como ele vê a imagem dos jogadores.

Veja como um cavalo enxerga a imagem dos jogadores.

Agora, observe como um gato enxerga essa mesma imagem.

IMAGENS FORA DE ESCALA. CPG

ATIVIDADES

1 Teste seus conhecimentos.

a) Como são chamados os materiais que permitem a passagem da luz?

_____

_____

_____

b) Escreva exemplos de materiais transparentes.

_____

_____

_____

c) O que são materiais translúcidos?

_____

_____

d) Escreva exemplos de materiais translúcidos.

_____

_____

e) O que são materiais opacos?

_____

_____

f) Escreva exemplos de materiais opacos.

_____

_____

_____

_____

2 Copie as frases retirando o **não**, quando necessário, para que as afirmações fiquem corretas:

a) Os materiais transparentes quase **não** produzem sombras, pois **não** deixam passar a luz.

_____

_____

b) Os materiais opacos **não** produzem sombras muito fortes, pois **não** deixam passar a luz.

_____

_____

c) Os materiais translúcidos **não** produzem sombras suaves, pois **não** deixam passar a maior parte da luz.

_____

_____

3 Classifique os objetos relacionados com os opacos, translúcidos ou transparentes em relação à passagem da luz.

Material	Opaco	Translúcido	Transparente
Papel vegetal			
Vidro comum			
Tijolo			
Areia			
Ar			
Água limpa			
Madeira			
Vitral			
Espelho			

EU GOSTO DE APRENDER

Nesta lição, você estudou que:
- por ser uma estrela, o Sol gera em seu interior a luz que emite e ilumina nosso planeta;
- as velas, as lâmpadas e as lanternas também são capazes de gerar luz, mas a partir de combustão ou outra forma de energia;
- os corpos que não geram luz podem refletir a luz que recebem;
- os materiais que permitem a passagem de luz são chamados transparentes. Alguns materiais deixam passar apenas uma parte da luz e são chamados translúcidos. Já os materiais opacos não permitem a passagem de luz;
- a sombra é uma região escura que se forma quando um material opaco é colocado no caminho da luz;
- pela visão conseguimos enxergar o que está ao nosso redor.

ATIVIDADE

- Quando brincamos de teatro das sombras, como podemos fazer para aumentar ou diminuir a sombra dos objetos?

LEIA MAIS

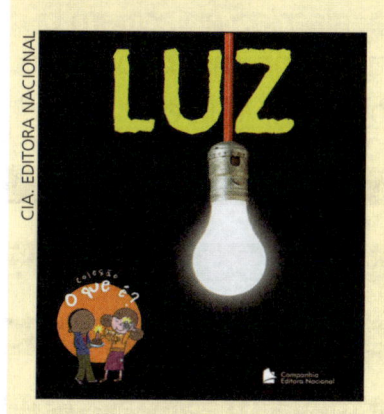

Luz

Charline Zeitoun. Ilustrações de Peter Allen. São Paulo: Companhia Editora Nacional, 2012.

Como seria o mundo se não existisse a luz? Seria completamente escuro, uma noite eterna! Felizmente, existe a luz para nos iluminar. Mas como ela é produzida? Neste livro, você ficará conhecendo a resposta a estas e a muitas outras perguntas.

EU GOSTO DE APRENDER MAIS

Capaz de fazer um milhão de coisas

Saber quanto é o resultado de 1 + 1, distinguir entre o azul e o vermelho, reconhecer uma música pelos primeiros acordes, afastar-se diante de uma situação de perigo e sorrir quando recebemos um elogio são situações comandadas pelo cérebro que podemos perceber acontecer.

Mas o cérebro realiza muitas outras funções que não percebemos. Um adulto pisca em média 24 vezes por minuto para limpar e umedecer os olhos e nem se dá conta disso, mas, com certeza, se ficar impossibilitado de piscar, vai perceber. É assim o comando do nosso cérebro em várias funções realizadas pelo corpo humano: respiração, batimentos cardíacos, movimentos do aparelho digestivo.

Mas e a nossa memória para saber o resultado da soma e o nome das cores, o que tem a ver com isso? Armazenada no cérebro, a memória é formada por todas as informações que vivemos, aquilo que ouvimos e vemos, que sentimos. Você já se deu conta de tudo que tem guardado na memória?

É a memória também que nos impede de tocar no fogo, por exemplo; é a memória que nos faz ficar felizes quando recebemos um carinho, um sorriso ou um simples "muito obrigado".

ATIVIDADES COMPLEMENTARES

1 Não existe nada mais perfeito que o cérebro, mas ele também pode se confundir. Vamos ver quantos tons de cinza você enxerga na imagem?

_____

_____

_____

_____

_____

Coleção

Eu gosto m@is

ALMANAQUE

VIAGEM ESPACIAL

- Leia o nome destes astros do Universo.

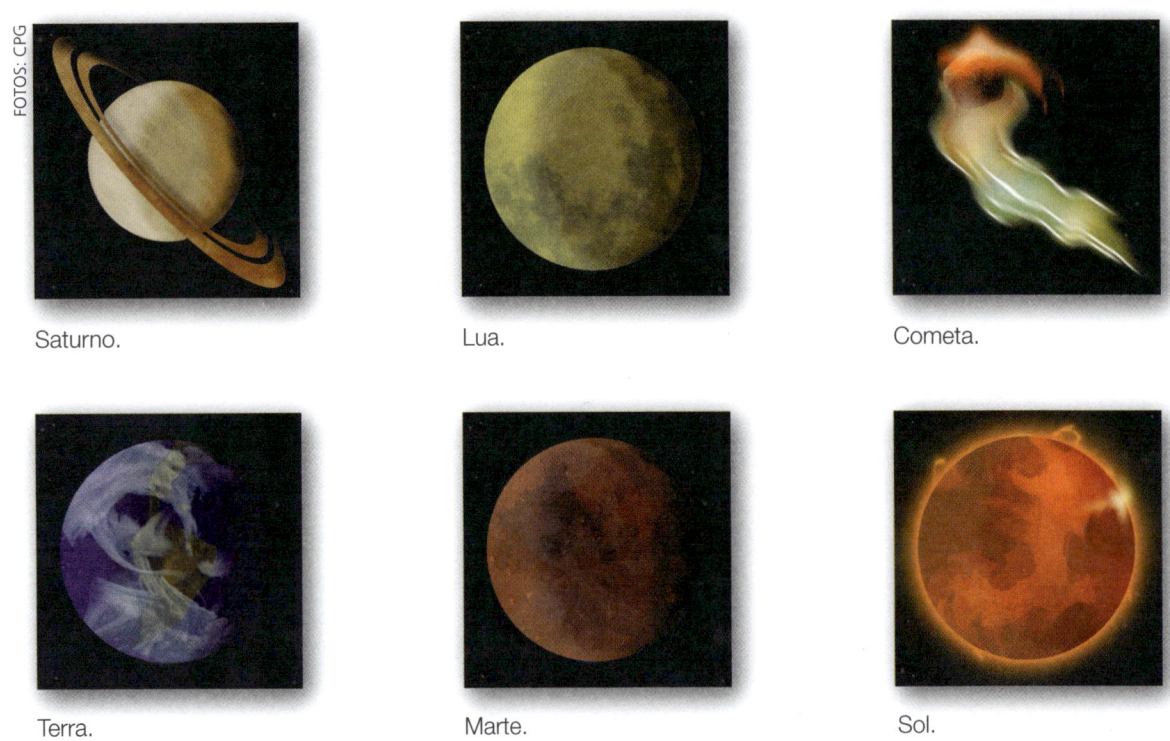

Saturno.   Lua.   Cometa.

Terra.   Marte.   Sol.

- Agora encontre o nome desses astros no diagrama.

P	T	U	I	X	O	U	E	M	C	I	O	S
M	C	O	M	E	T	A	S	A	Ç	V	M	I
A	E	S	T	V	E	L	A	R	L	U	A	O
A	N	E	T	U	R	N	O	T	S	O	L	A
S	A	T	U	R	N	O	L	E	R	I	U	R
A	N	O	J	U	P	T	E	R	M	A	T	C
N	U	V	E	M	M	E	R	C	U	R	I	O
P	S	O	A	T	S	P	T	E	R	R	A	V

AS FASES DA LUA

- Cole os adesivos da página 141 nos espaços correspondentes a cada fase da Lua.

Cada dia a Lua está maior,
maior e mais prateada.
E eu fico pensando comigo:
e se ela fosse quadrada?

Não vejo a Lua no céu
e de noite não vou andar.
Espero que a Lua cresça,
para então eu ir passear.

Lua bonita,
Lua que brilha.
Lua redonda.
Tem alguém aí?

A Terra faz sombra na Lua
e a sombra está crescendo.
Eu só vou para a rua
quando está amanhecendo.

- Agora é a sua vez: escreva sobre a Lua.

_____
_____
_____
_____

OS ESTADOS DA ÁGUA

- Cole os adesivos da página 141 que mostram os estados da água e escreva que estados são esses.

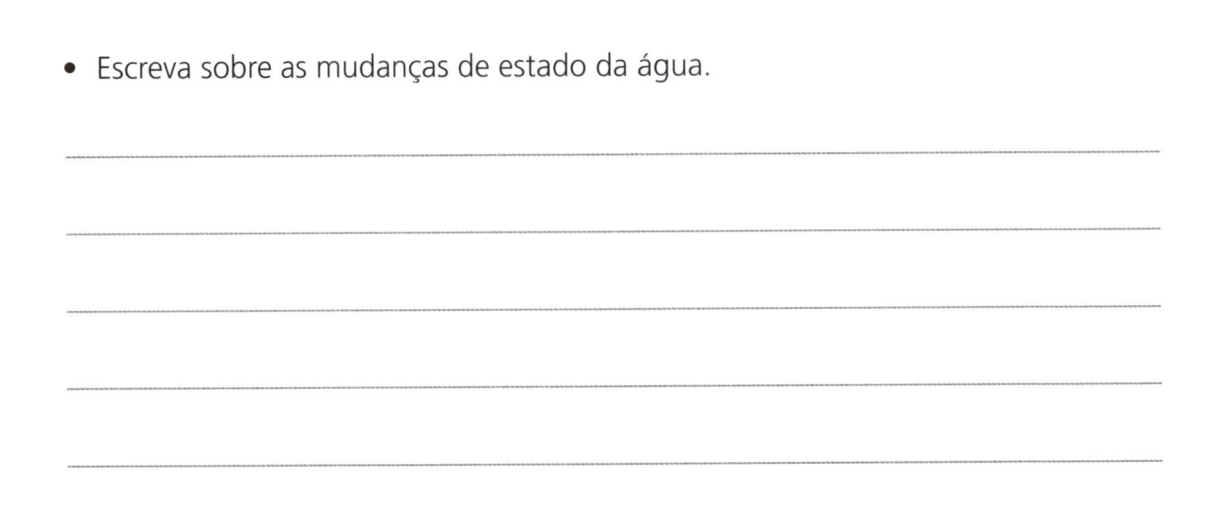

- Escreva sobre as mudanças de estado da água.

_____
_____
_____
_____
_____
_____

ALIMENTE OS ANIMAIS

- Ligue cada animal ao seu alimento.

ONDE ESTÃO OS VERTEBRADOS?

- No quadro abaixo estão figuras de animais marinhos. Circule com uma linha as figuras dos que têm coluna vertebral.

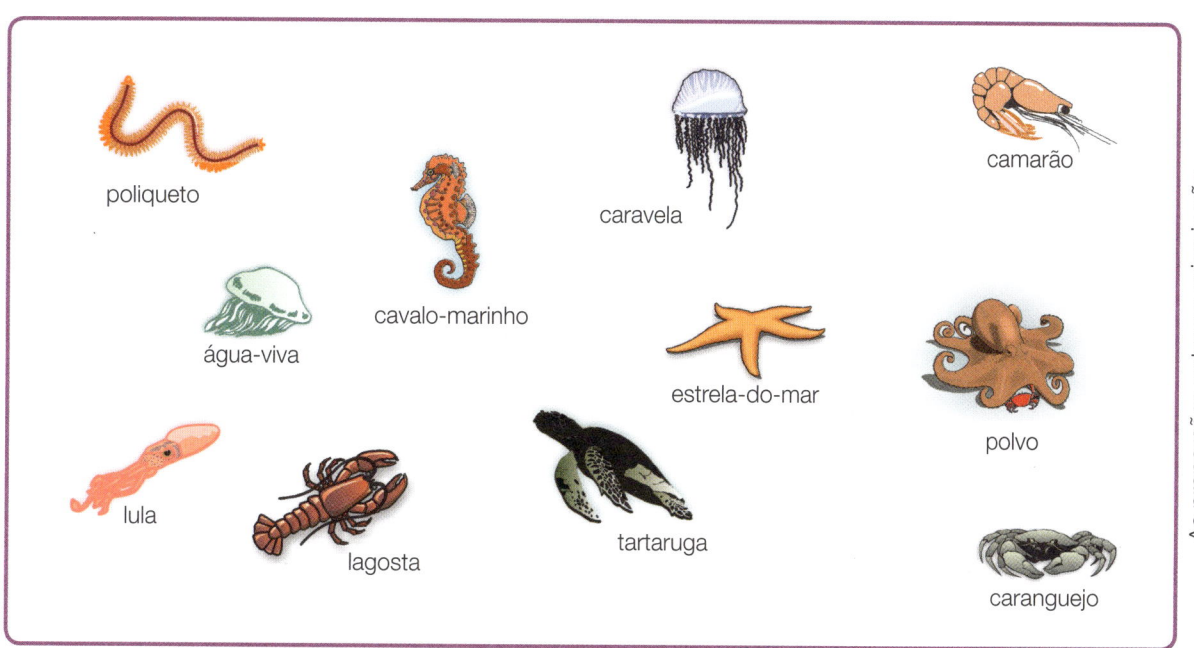

poliqueto

camarão

cavalo-marinho

caravela

água-viva

estrela-do-mar

polvo

lula

lagosta

tartaruga

caranguejo

As proporções entre os animais não correspondem à realidade.

Parte integrante da Coleção Eu gosto m@is – Ciências 3º ano – IBEP.

Identifique cada grupo de vertebrado

- Circule o único anfíbio representado no quadro abaixo.

  Marque com um quadrinho 🟥 os peixes.

  Marque com uma bolinha 🟠 as aves.

  Marque com um 🔺 os répteis.

  Marque com uma ✦ azul os mamíferos.

As proporções entre os animais não correspondem à realidade.

Leve os animais a seus respectivos abrigos

- Trace uma linha ligando cada animal ao seu respectivo abrigo. Escreva o nome de cada abrigo.

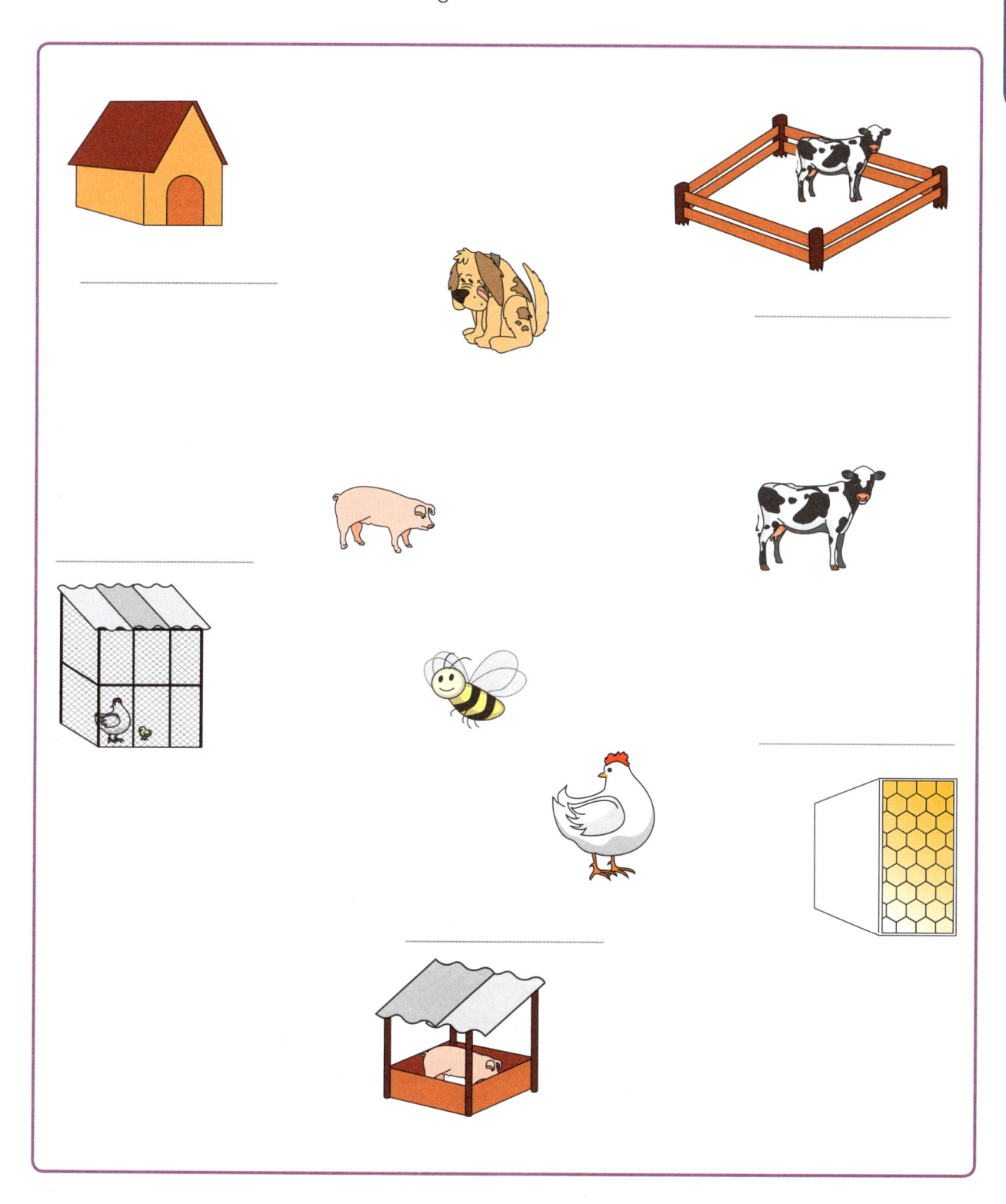

VAMOS PINTAR

- O mico-leão-de-cara-dourada é um animal ameaçado de extinção. Pinte o animal e escreva um verso sobre a preservação dessa espécie.

_____
_____
_____
_____
_____
_____
_____

LIGUE OS PONTOS

Brinque com as palavras

Leia o acróstico abaixo.
Luz que aquece
Umidade que evapora
Chove lá fora
Incrivelmente
Ao solo a água retorna

- Agora crie seu acróstico com a palavra **rosa**.

R _____
O _____
S _____
A _____

Semelhanças

- Cole os adesivos dos animais semelhantes que estão na página 144.

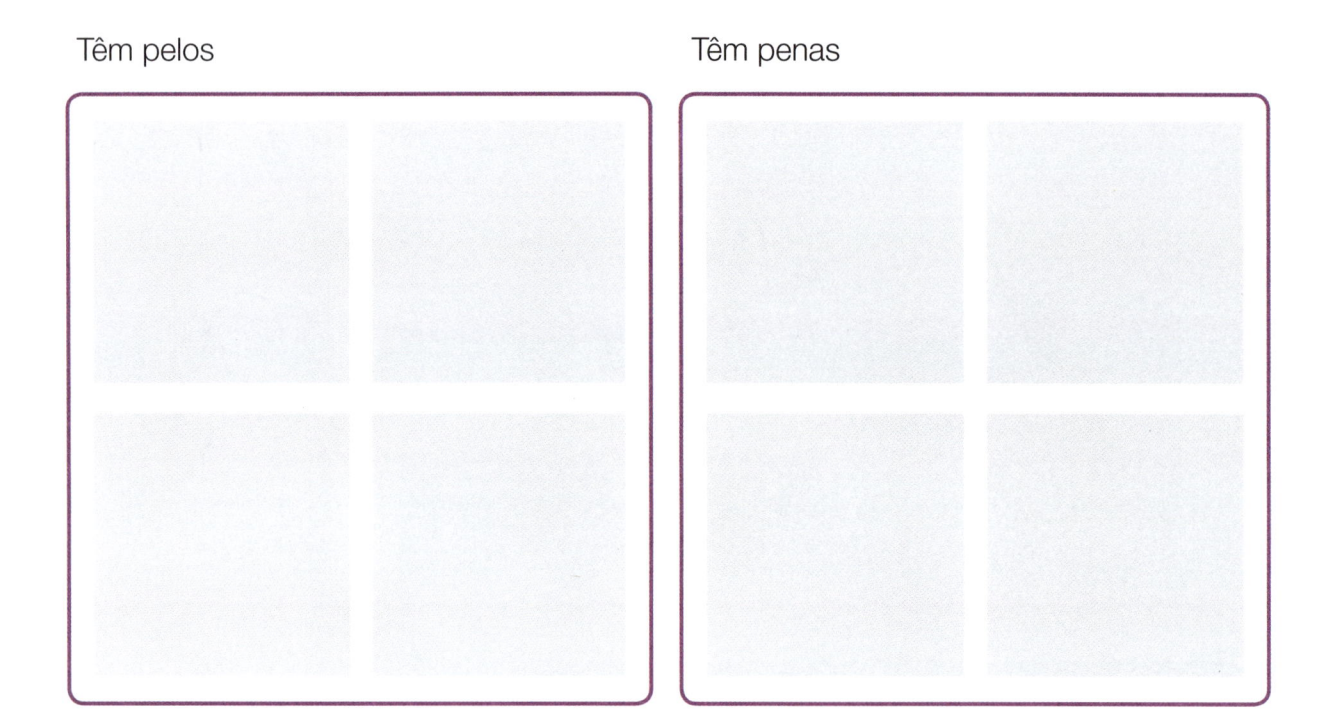

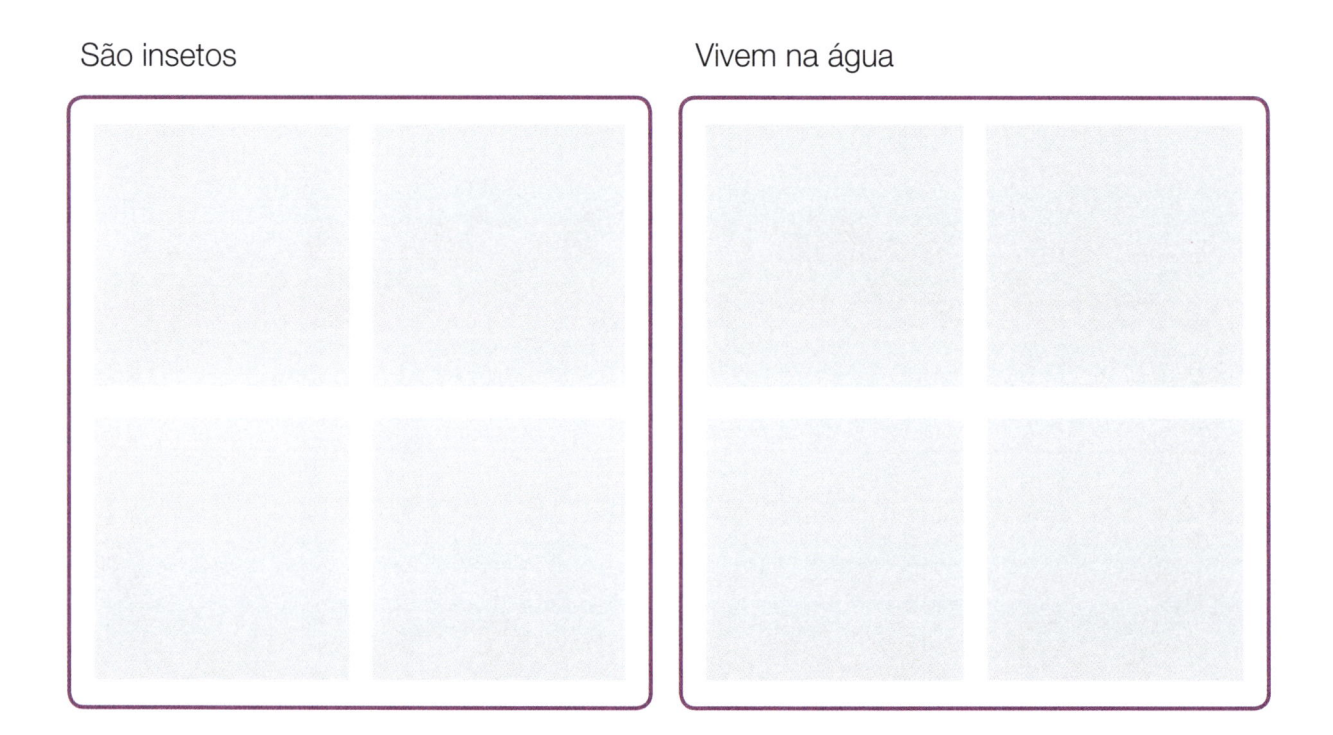

Têm pelos

Têm penas

São insetos

Vivem na água

A ficha do bicho

- Cole, em cada ficha, o adesivo do animal da página 145. Depois, investigue e complete a ficha.

ALMANAQUE

Nome: _____

Tamanho: _____

Onde vive: _____

_____

_____

Como consegue alimento e o que come: _____

_____

_____

Nome: _____

Tamanho: _____

Onde vive: _____

_____

_____

Como consegue alimento e o que come: _____

_____

_____

Nome: _____

Tamanho: _____

Onde vive: _____
_____
_____

Como consegue alimento e o que come: _____
_____
_____

Nome: _____

Tamanho: _____

Onde vive: _____
_____
_____

Como consegue alimento e o que come: _____
_____
_____

Aumente sua coleção de fichas!
Para isso, monte a ficha, cole a figura de um animal e pesquise para preencher com os dados que descobrir.

Intrumentos musicais

• Chocalho de lata de alumínio

Você vai precisar:

- 1 lata de alumínio de refrigerante
- Sementes de feijão, milho, arroz ou pedrinhas
- Fita adesiva
- Figuras de revistas

Modo de fazer:

Enfeite seu chocalho com figuras de revistas.

Encha a lata com as sementes que você tiver ou com pedrinhas.

Cada semente faz um barulho diferente e você pode fazer chocalhos com diversos sons.

Tampe o buraco da latinha com fita adesiva e cole uma figura por cima para dar um acabamento legal.

• Flauta de papelão

Você vai precisar:

- 1 tubo vazio de papel-alumínio ou de filme de PVC (aqueles de embrulhar alimento)
- 1 pedaço de papel vegetal
- Elástico ou fita adesiva

Modo de fazer:

Fure o tubo com lápis. Faça vários furos.

Prenda o pedaço de papel vegetal em uma das extremidades com elástico ou fita adesiva.

Toque a flauta soprando pelo lado que ficou aberto e fechando e abrindo os furos com os dedos.

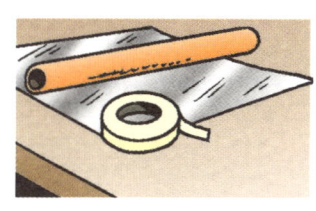

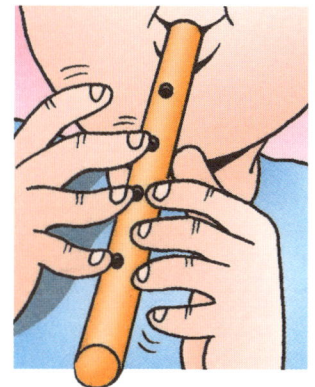

- ## Violão de caixa de sapato

    Você vai precisar:
    - 1 caixa de sapato com tampa
    - Elásticos
    - Fita adesiva

    Modo de fazer:

    Peça a um adulto que recorte uma abertura na tampa da caixa de sapato.

    Prenda a tampa na caixa com fita adesiva.

    Coloque os elásticos ao redor da caixa, passando sobre o buraco.

- ## Tambor de pote plástico ou lata

    Você vai precisar:
    - 1 pote plástico ou 1 lata com tampa plástica
    - Barbante ou corda

    Modo de fazer:

    Enfeite seu pote ou lata.

    Faça dois furos, passe o barbante e amarre por dentro.

    Pendure no pescoço e toque com uma colher ou pedaço de pau.

PASSATEMPOS

Cada animal com seu esqueleto (cartelas 2, 3 e 4) – Páginas especiais (5, 7, 9 e 11)

Recorte as cartas das cartelas 2, 3 e 4. Elas representam animais e seus esqueletos. Apenas um animal é repetido. Uma cartela é curinga e pode fazer par com qualquer animal. Reúna-se com um colega que também recortou as cartas de suas cartelas. Misturem as 54 cartas e distribuam cinco cartas para cada jogador.

O restante fica na mesa, formando um monte.

Um jogador tira uma carta do monte e faz pares com as cartas que tem na mão. Em seguida, joga uma carta na mesa.

O jogo prossegue até acabarem as cartas da mesa. Um jogador, então, tira uma carta do colega para ver se forma um par.

Quando todos os pares estiverem formados, o jogo acaba. Ganha quem tiver mais cartas.

Jogo da memória (cartelas 5, 6 e 7) – Páginas especiais (13, 15 e 17)

Recorte as fotos, embaralhe-as e coloque-as sobre a mesa com a imagem para baixo. Desvire duas cartas.

Se forem iguais, são suas. Se forem diferentes, desvire-as.

Agora é a vez do seu colega.

Depois de terminar o jogo, façam uma pesquisa sobre os animais das cartelas.

Terminada a pesquisa, um jogador faz perguntas para o outro e ganha quem acertar mais.

ALMANAQUE

CADA ANIMAL COM SEU ESQUELETO – CARTELA 1

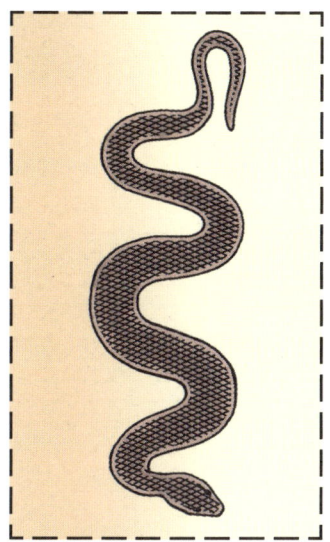

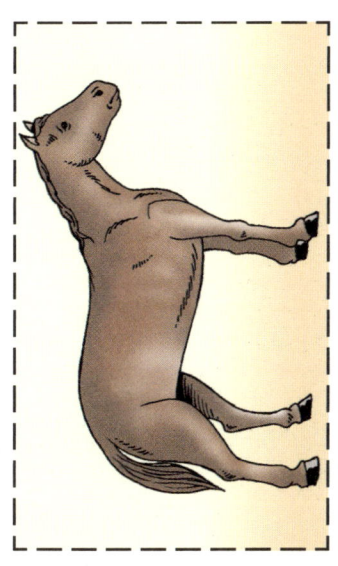

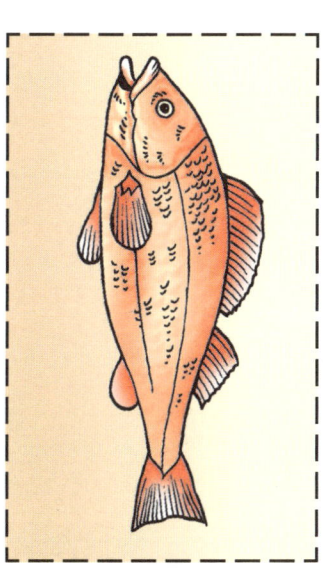

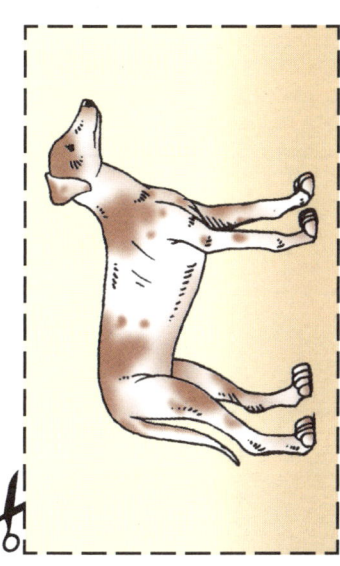

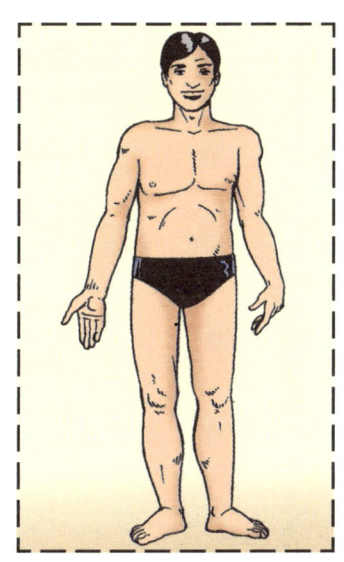

CADA ANIMAL COM SEU ESQUELETO – CARTELA 2

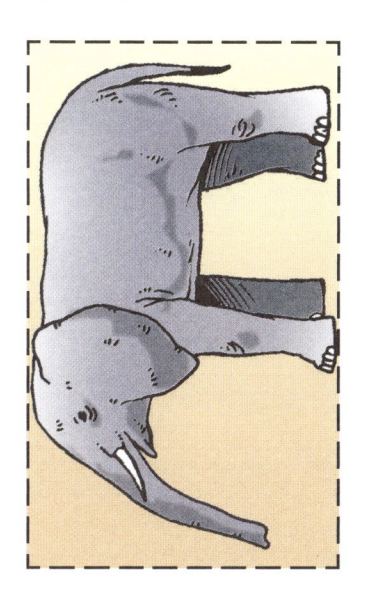

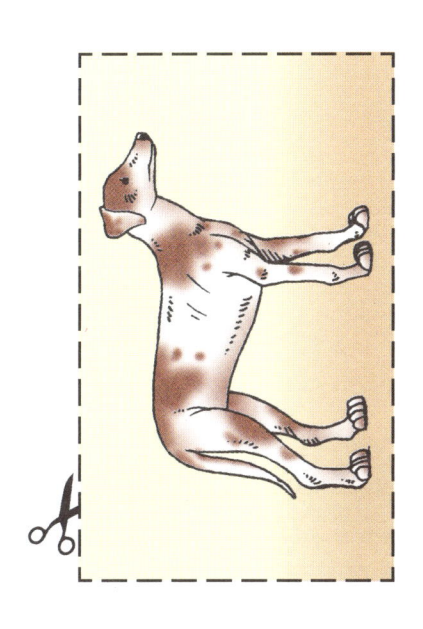

CADA ANIMAL COM SEU ESQUELETO – CARTELA 3

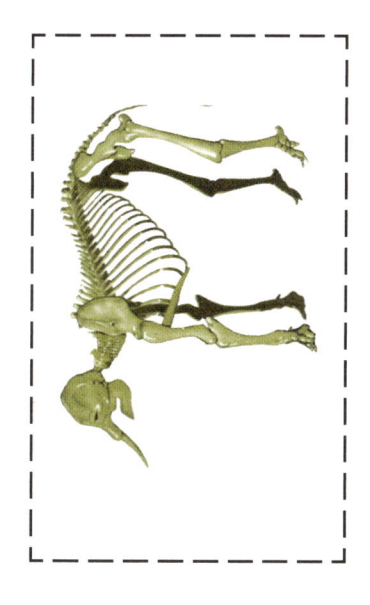

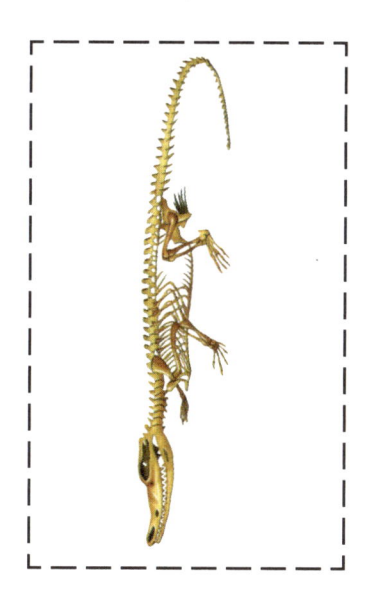

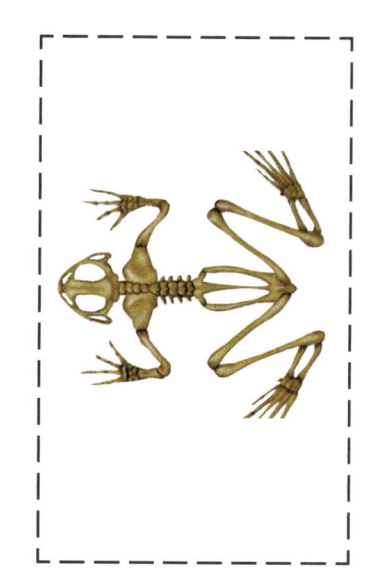

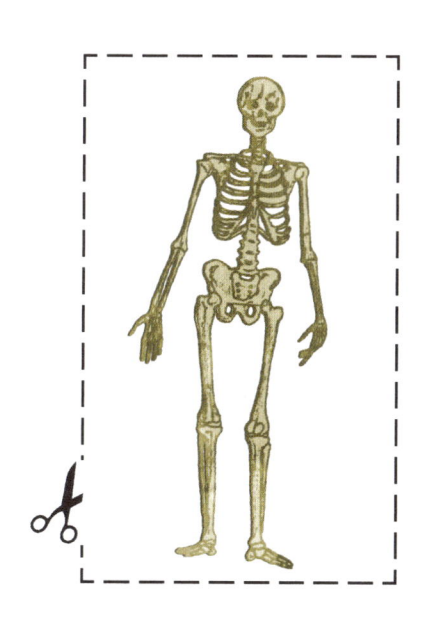

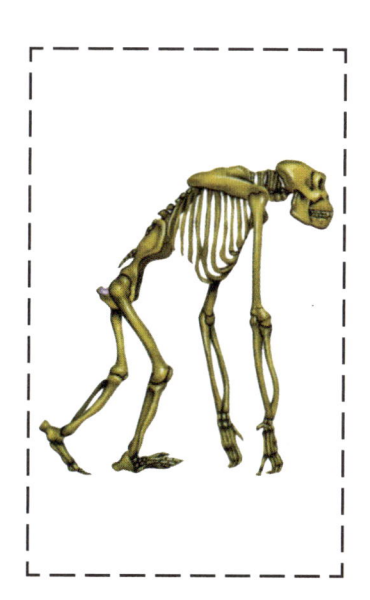

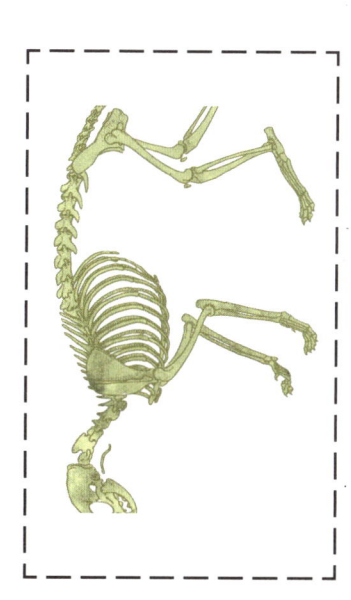

Parte integrante da Coleção Eu gosto m@is – Ciências 3º ano – IBEP.

CADA ANIMAL COM SEU ESQUELETO – CARTELA 4

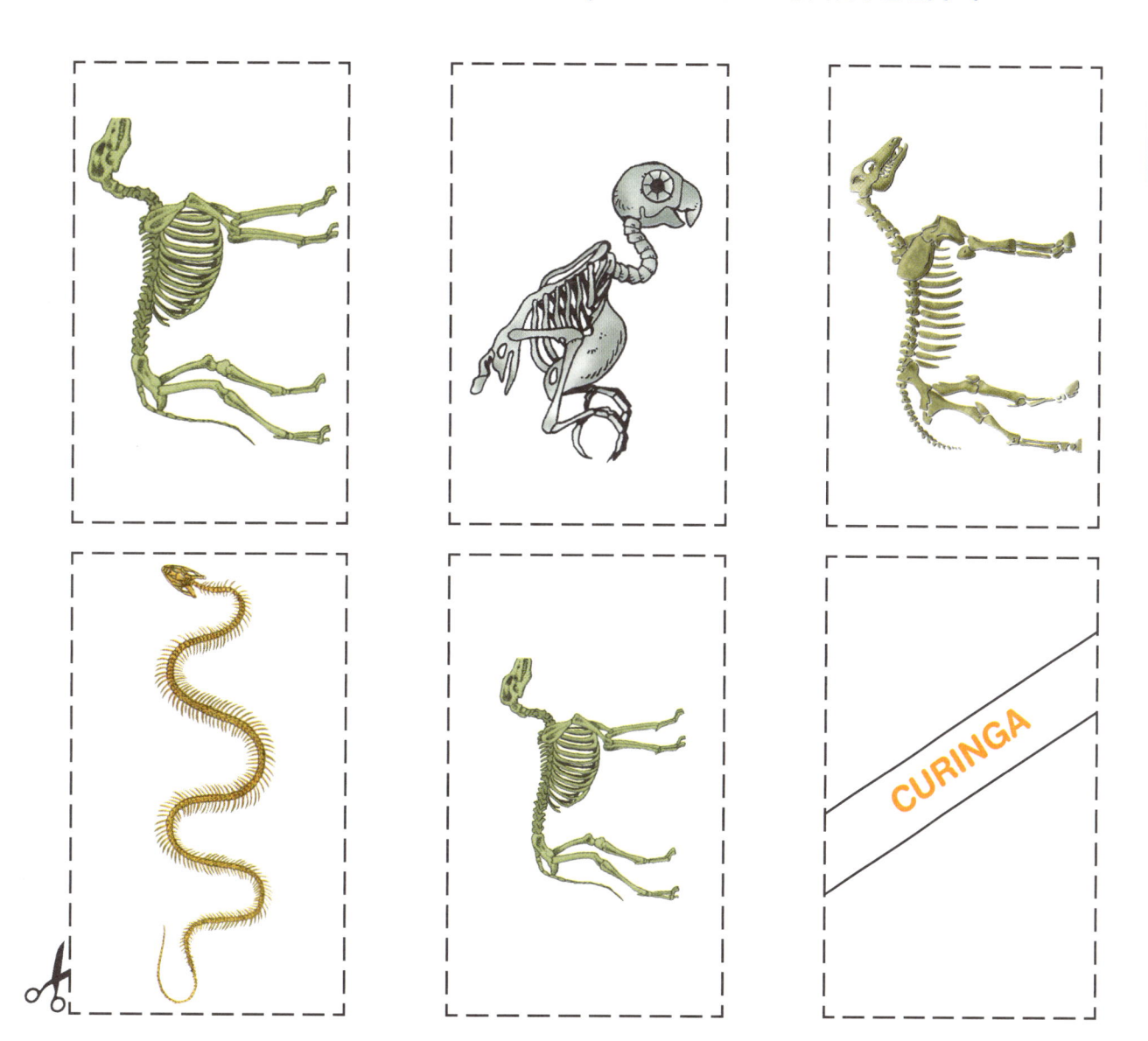

CURINGA

JOGO DA MEMÓRIA – CARTELA 5

ALMANAQUE

137

Parte integrante da Coleção Eu gosto m@is – Ciências 3º ano – IBEP.

JOGO DA MEMÓRIA – CARTELA 6

Parte integrante da Coleção Eu gosto m@is – Ciências 3º ano – IBEP.

Cole os adesivos nas páginas 115 e 116 do Almanaque.

ADESIVO

As fases da Lua

Os estados da água

A

B

C

Parte integrante da Coleção Eu gosto m@is – Ciências 3º ano – IBEP.

Cole os adesivos na página 122 do Almanaque.

Semelhanças

Galinha	Pulga	Gafanhoto	Pinguim
Boi	Porco	Mula	Gaivota
Pato	Tartaruga	Peixe	Lagosta
Abelha	Ovelha	Barata	Tubarão

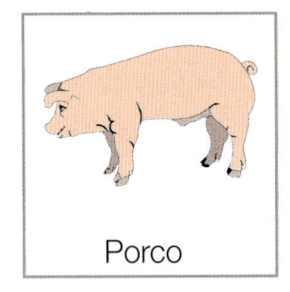

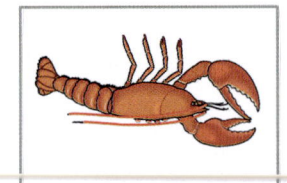

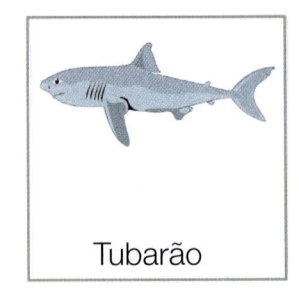

Cole os adesivos nas páginas 123 e 124 do Almanaque.

A ficha do bicho